Heike Murglat / Zeynep Kalkavan

Gesunde Zähne

Kooperative Lernmethoden im Sachunterricht

1./2. Klasse

Die Autorinnen:

Kalkavan, Zeynep, Dr. phil., Juniorprofessorin für Sprachdidaktik/Grundschuldidaktik am Germanistischen Institut der Westfälischen Wilhelms-Universität Münster/Abteilung Sprachdidaktik, ausgebildete Grundschullehrerin in den Fächern Deutsch, Mathematik, Englisch und Kunst

Murglat, Heike, Grundschullehrerin in Nordrhein-Westfalen, Lehramtsstudium in den Fächern Deutsch, Sachunterricht, Mathematik und Englisch, Zusammenarbeit mit der Ruhr-Universität Bochum

Gedruckt auf umweltbewusst gefertigtem, chlorfrei gebleichtem und alterungsbeständigem Papier.

1. Auflage 2013
© Persen Verlag, Hamburg
AAP Lehrerfachverlage GmbH
Alle Rechte vorbehalten.

Das Werk als Ganzes sowie in seinen Teilen unterliegt dem deutschen Urheberrecht. Der Erwerber des Werkes ist berechtigt, das Werk als Ganzes oder in seinen Teilen für den eigenen Gebrauch und den Einsatz im eigenen Unterricht zu nutzen. Downloads und Kopien dieser Seiten sind nur für den genannten Zweck gestattet, nicht jedoch für einen weiteren kommerziellen Gebrauch, für die Weiterleitung an Dritte oder für die Veröffentlichung im Internet oder in Intranets. Die Vervielfältigung, Bearbeitung, Verbreitung und jede Art der Verwertung außerhalb der Grenzen des Urheberrechtes bedürfen der vorherigen schriftlichen Zustimmung des Verlages.

Illustrationen: Katharina Reichert-Scarborough, München
Satz: Satzpunkt Ursula Ewert GmbH, Bayreuth

ISBN 978-3-403-23008-3

www.persen.de

Inhalt

Vorwort 4

Erläuterungen zum Themenbereich „Zähne und Zahngesundheit" 5

Lernziele der Unterrichtseinheiten sowie deren Bezug zum Lehrplan 5

Methodische und organisatorische Hinweise 7

Zu den ausgewählten Methoden 9

Übersicht: Symbole 11

Unterrichtsbeispiele und Arbeitsmaterialien

    Graffiti/Mindmap: Was wollen wir über unsere Zähne wissen? 12
    Aufgabenblätter: Was wollen wir über unsere Zähne wissen? 13
    Drei-Schritt-Interview: Wie sieht mein Gebiss aus? 16
    Aufgabenblätter: Mein Zahnpass 17
    Aufgabenblätter: Zahn-Interview 19
    Erstellen eines Zahnbuchs (Buddy-Book): Unsere Zähne sind verschieden ... 21
    Aufgabenblatt: Zahnbuch 23
    Aufgabenblätter: Mein Zahnbuch 24
    Denken-Austauschen-Vorstellen/Fischgräte: Jeder Zahn hat seine Aufgabe ... 25
    Aufgabenblätter: Fischgräte 26
    Gesprächskarussell/Platzdeckchen: Was passiert mit unseren Zähnen,
    wenn wir sie nicht putzen? 28
    Arbeitsblätter: Experiment – Eiertest 29
    Denken-Austauschen-Vorstellen/Fischgräte/Collage:
    Welche Lebensmittel sind zahnfreundlich? 32
    Aufgabenblätter: Zahnfreundliche Lebensmittel 33
    Platzdeckchen/Line-Up: Milchzähne fallen aus, neue Zähne wachsen 35
    Aufgabenblätter: Wie wachsen neue Zähne? 36
    Denken-Austauschen-Vorstellen: Wie sieht ein Zahn von innen aus? 38
    Arbeitsblatt: Mein Zahn von innen 39

    Arbeitsmaterialien und Vorlagen
    Fischgräte 40
    Platzdeckchen 41

Methoden- und Verlaufskarten
    Rollen-Karten 42
    Denken-Austauschen-Vorstellen 43
    Drei-Schritt-Interview 44
    Gesprächskarussell 45
    Graffiti (Gruppenposter) 46
    Line-Up 47
    Platzdeckchen (Placemat) 48
    Karten für die Teambildung (Zweierteams) 50
    Karten für die Teambildung (Viererteams) 51
    Feedbackkarten 52

Literatur 53

Vorwort

Teamfähigkeit, Arbeitsteilung sowie soziale Kooperation sind grundlegende Fähigkeiten, die Schülerinnen und Schüler[1] neben dem inhaltlichen Wissenserwerb im Sachunterricht der Grundschule einüben sollen. Dies erfordert eine Unterrichtsmethodik, die den Kindern ausreichend Gelegenheit bietet, diese Kompetenzen in der handelnden Auseinandersetzung mit einem Partner oder mehreren Partnern sowohl zu erlernen als auch sukzessiv zu erweitern.

Insbesondere im Unterricht der ersten beiden Schuljahre investieren Lehrerinnen und Lehrer viel Zeit und Mühe in die Vermittlung dieser sozialen Basiskompetenzen.

Der vorliegende Unterrichtsband möchte konkrete Unterrichtseinheiten darbieten, wie mithilfe kooperativer Lernmethoden Partner- und Gruppenarbeitsprozesse strukturiert und initiiert werden können. Da positive individuelle Abhängigkeit der einzelnen Schüler in Gruppenarbeiten zum Lernerfolg beiträgt[2], erläutern wir einführend, mit welchen Mitteln erreicht werden kann, dass jedes einzelne Kind sich sowohl für den eigenen Lernerfolg als auch für den der gesamten Gruppe verantwortlich zeigt.

Für die vorliegende exemplarische Planung von Unterrichtseinheiten zum Thema „Zähne und Zahngesundheit" haben wir bewusst unterschiedliche Lernarrangements für die Klassenstufen 1/2 gewählt. Diese Auswahl gründet sich zum einen auf die inhaltlichen Lernziele der jeweiligen Unterrichtseinheiten und zum anderen auf unser Bestreben, die Motivation der Kinder durch abwechslungsreiche Übungsformate anzuregen und soziales Lernen mit fachlichen Lernzielen zu verknüpfen. An dieser Stelle sei angemerkt, dass ein „kooperatives" Arbeitsklima in der Klasse nicht durch sporadisch eingesetzte einzelne Unterrichtseinheiten, die nach den Prinzipien des kooperativen Lernens konzipiert wurden, erreicht werden kann. Insbesondere die Verinnerlichung der sozialen Ziele erfordert Zeit und Übung. Auch über einzelne Unterrichtsstunden hinaus sollten daher die Prinzipien des *cooperative learning*[3] die Kinder im Schulalltag begleiten.

Die vorgestellten Unterrichtseinheiten stellen keinen Anspruch auf inhaltliche Vollständigkeit der einzelnen Schwerpunkte. An vielen Stellen sind vertiefende Übungen (zusätzliche Texte, Anschauungsmaterialien etc.) möglich bzw. sinnvoll. Es handelt sich um ausgewählte exemplarische Planungseinheiten, die bezüglich des Themas „Zähne und Zahngesundheit" und je nach Kenntnisstand der Lerngruppe erweitert bzw. vertieft werden sollten (z. B. durch den inhaltlichen Aspekt „Zahnreinigung").

Zeitliche Vorgaben werden in den einzelnen Unterrichtseinheiten bewusst nicht unternommen, da diese sehr stark von den jeweiligen Lerngruppen und Lernarrangements abhängig sind und von den Lehrern selbst geplant werden sollten. Dies betrifft sowohl die zeitliche Planung der einzelnen groben Unterrichtseinheiten als auch die Zeitvorgaben für die „kürzeren" Arbeitsphasen und (Zwischen-) Reflexionsphasen.

Wir wünschen Ihnen bei der Umsetzung kooperativer Lernformen viel Erfolg und Freude!

Heike Murglat & Zeynep Kalkavan

---

[1] Im Folgenden wird der einfachen Lesbarkeit halber durchgehend die maskuline Form verwendet. Die weibliche Form ist immer mit eingeschlossen.
[2] Vgl. z. B. Stevens/Slavin (1995); Johnson/Johnson (2009)
[3] Vgl. Green/Green (2010); Bochmann/Kirchmann (2008a); Bochmann/Kirchmann (2008b)

… Erläuterungen zum Themenbereich / Lernziele der Unterrichtseinheiten

Erläuterungen zum Themenbereich „Zähne und Zahngesundheit"

Der Sachunterricht orientiert sich an der Erfahrungswelt der Schüler. Bereits im ersten Schuljahr erleben viele Kinder den Zahnwechsel. Die Milchzähne fallen aus und bleibende Zähne wachsen nach. Somit sind Zähne, Zahnlücken und Wackelzähne ein häufiger Gesprächsanlass im Klassenraum. Schon das bloße Betrachten der ausgefallenen Zähne verdeutlicht den Kindern die unterschiedliche Form von Schneide-, Backen- und Eckzähnen. Es liegt nun im Interessensbereich der Kinder zu ergründen, inwieweit sich Form und Funktion der einzelnen Zähne gegenseitig bedingen. Eingeleitet durch ein Bewusstsein über die Bedeutung der Zähne gelangen die Kinder schließlich zur Einsicht in die Notwendigkeit der Zahnpflege. Diesem Thema sollte sich der Sachunterricht in der Grundschule in besonderer Weise verpflichtet fühlen.

Lernziele der Unterrichtseinheiten sowie deren Bezug zum Lehrplan

Die in diesem Band vorgestellten Themeneinheiten zu „Zähne und Zahngesundheit" lassen sich im Lehrplan des Sachunterrichtes der Grundschule in NRW dem Bereich „Natur und Leben" und dabei dem Aufgabenschwerpunkt „Körper, Sinne, Ernährung und Gesundheit" zuordnen[1]. Eingebettet in kooperative Lernarrangements erkunden und erforschen Kinder einen konkreten Themenbereich ihres Körpers. Sachbezogene Aufgaben werden mit Mitschülern gemeinsam geplant und bearbeitet. So lernen die Kinder handlungs- und problemorientiert ihr eigenes Gebiss, die Funktion und Bedeutsamkeit ihrer Zähne, die Notwendigkeit der Zahnpflege sowie den Aufbau der Zähne kennen.

Folgende Fähigkeiten und Fertigkeiten werden dabei geschult:
- das bewusste Wahrnehmen, Beobachten, Beschreiben, Untersuchen, Auswerten und Dokumentieren
- Vermutungen entwickeln und Argumentieren lernen
- Durchführen und Auswerten von Experimenten
- Methoden des aktiven Wissenserwerbs
- Austausch und Erläuterung von Überlegungen und Ergebnissen

Orientierung an Kompetenzen

Aufgabe des Sachunterrichts in der Grundschule ist, die Schüler bei der Entwicklung von Kompetenzen zu unterstützen, die sie zur Erschließung und zum Verständnis ihrer Lebenswelt sowie zum verantwortungsbewussten Handeln befähigen. In diesem Kontext wird differenzierten Lernarrangements, die das soziale Lernen fordern und fördern, eine besondere Bedeutung beigemessen. Neben der Übernahme von Aufgaben und Pflichten sowie der Einhaltung von Arbeits- und Gruppenregeln, sollen die Kinder dazu angehalten werden, miteinander zu kooperieren und sich beispielsweise gegenseitig Hilfestellungen zu geben, Lernergebnisse zu vergleichen und zu diskutieren.

Kompetenzerwartungen am Ende der Schuleingangsphase

Die folgenden Inhalte zu den Kompetenzerwartungen am Ende der Schuleingangsphase wurden aus dem Lehrplan Sachunterricht für die Grundschule NRW (2008)[2] übernommen und unter Berücksichtigung der in diesem Band vorgestellten Aufgaben und Fachziele zusammengestellt.

Bereich:	Natur und Leben
Schwerpunkt:	Körper, Sinne, Ernährung und Gesundheit

Kompetenzerwartungen am Ende der Schuleingangsphase
Die Schülerinnen und Schüler
• untersuchen und beschreiben die Bedeutung der eigenen Zähne in Alltagssituationen • ermitteln und beschreiben Aufbau und Funktion der unterschiedlichen Zahnformen • erkunden und beschreiben unterschiedliche Ernährungsgewohnheiten und deren Folgen für die Zahngesundheit

---

[1] Vgl. Ministerium für Schule, Jugend und Kinder des Landes NRW/Lehrplan Sachunterricht (2008) S. 44
[2] Vgl. Ministerium für Schule, Jugend und Kinder des Landes NRW/Lehrplan Sachunterricht (2008) S. 44

Erläuterungen zum Themenbereich / Lernziele der Unterrichtseinheiten

Methodenübersicht

Inhalte/Themen	Methoden/Materialien	Aufgabentypen/Beispiele
Was wollen wir über unsere Zähne wissen?	Graffiti (Gruppenposter) Mindmap	• Aktivierung des Vorwissens • Fragestellungen entwickeln • Ergebnisse vergleichen, ordnen und präsentieren
Wie sieht mein Gebiss aus?	Drei-Schritt-Interview	• Betrachtung des eigenen Gebisses • Kenntnisse über das Milchgebiss erwerben • Vorgang des Zahnwechsels erkennen • Beobachtungen austauschen • Verständnisfragen stellen • Ergebnisse präsentieren und vergleichen
Unsere Zähne sind verschieden – Erstellen eines Zahnbuchs	Denken-Austauschen-Vorstellen (Think-Pair-Share) Buddy-Book	• Unterschiede von Schneide-, Eck- und Backenzähnen kennenlernen • Kenntnisse über das bleibende Gebiss erwerben • Beziehungen zwischen Milchgebiss und bleibendem Gebiss herstellen • Verständnisfragen stellen • Ergebnisse vergleichen • Dokumentation der Arbeitsergebnisse in einem „Zahnbuch"
Jeder Zahn hat seine Aufgabe	Denken-Austauschen-Vorstellen (Think-Pair-Share) Fischgräte (Fishbone)	• Beobachten der Vorgänge im Mund beim Zerkleinern von Nahrung • Funktion der unterschiedlichen Zähne kennenlernen • Verständnisfragen stellen • Ergebnisse strukturieren, vergleichen und diskutieren
Was passiert mit unseren Zähnen, wenn wir sie nicht putzen?	Gesprächskarussell Experiment „Eiertest" Platzdeckchen (Placemat)	• Aktivierung des Vorwissens • Einhaltung von Aufgabenrolle üben • Experiment nach Anleitung durchführen • Veränderungen wahrnehmen • Beobachtungen verbalisieren • Schutzfunktion von Fluorid erkennen • Beobachtungen verschriftlichen • Anfertigen einer Skizze • Informationen austauschen • Verständnisfragen stellen • Aufbau und Funktion des Zahnschmelzes kennenlernen • Notwendigkeit des Zähneputzens erkennen • Ergebnisse präsentieren und vergleichen
Welche Lebensmittel sind zahnfreundlich?	Denken-Austauschen-Vorstellen (Think-Pair-Share) Fischgräte Collage	• Zuordnung von Lebensmitteln in „zahnfreundlich" und „zahnschädlich" • Erstellen eines Themenplakates
Milchzähne fallen aus, neue Zähne wachsen	Platzdeckchen (Placemat) Erzählkette (Line-Up)	• Ideenaustausch • Textrekonstruktion • Bild-Text-Zuordnung
Wie sieht ein Zahn von innen aus?	Denken-Austauschen-Vorstellen (Think-Pair-Share)	• Ideenaustausch und Reflexion • Erlernen bzw. Zuordnen von Fachtermini • Beschriften einer Abbildung

Methodische und organisatorische Hinweise

Die Einführung von kooperativen Partner- bzw. Gruppenarbeitsprozessen im ersten und im zweiten Schuljahr bedingt einige strukturelle und organisatorische Vorüberlegungen sowie Durchführungen. Der entscheidende Unterschied zwischen kooperativer Gruppenarbeit und *traditioneller* Gruppenarbeit liegt in der Erzeugung von *positiver Abhängigkeit*[1] zwischen den einzelnen Partnern einer Gruppe. Jedes Mitglied der Gruppe trägt individuell zum Gelingen der Gruppenarbeit bei und ist durch seine aktive Teilnahme verantwortlich für den Erfolg der anderen Gruppenmitglieder. Da Kinder im ersten Schuljahr zur Übernahme von Verantwortung für den eigenen Lernerfolg und dementsprechend auch für den Lernerfolg einer Gruppe in der Regel erst sukzessive angeleitet werden müssen, stellen wir im Folgenden einige exemplarische Beispiele vor, wie Teams in einer Klasse gebildet werden können und wie positive Abhängigkeit zwischen den Teammitgliedern initiiert werden kann.

Bildung von Teams in der Klasse

Zur Einführung wichtiger Grundlagen in das kooperative Arbeiten empfiehlt es sich, die Kinder anfangs nur in festen Zweierteams arbeiten zu lassen. Erst wenn die Kinder gelernt haben, erfolgreich mit einem Partner zu kooperieren, ist es an der Zeit, die Gruppengröße schrittweise zu erweitern. Ein erster Schritt könnte der Austausch mit einem anderen Zweierteam am Gruppentisch sein[2]. Um nun die Vorlieben bzw. Abneigungen bezüglich der Partnerwahl der Kinder untereinander herauszufinden, bietet sich die Durchführung eines Soziogrammes[3] an. Dazu erhalten die Kinder eine vorbereitete DIN-A5-Karte[4], in dessen Mitte sie ihren eigenen Namen schreiben. In jede Ecke der Karte schreiben sie nun weitere Namen von Kindern der Klasse, mit denen sie beispielsweise gern ihren Geburtstag feiern würden. Unten auf die Karte schreiben sie den Namen eines Kindes, mit dem sie nicht zusammensitzen möchten. Nachdem man auf diese Weise einen Überblick über die Neigungen der Kinder ermittelt hat, können die Teams möglichst unter Berücksichtigung der unterschiedlichen Lerntypen der Kinder gebildet werden. Immer zwei Teams sollten sich an einem Gruppentisch gegenübersitzen[5].

Einführung in die Arbeit im Team

Zur Erzeugung eines Teamgedankens bei den einzelnen Partnern ist es unabdingbar mit den Kindern die Vorteile einer Teamarbeit zu erarbeiten und diese auch zu visualisieren. Die Kinder müssen wissen:

Was bedeutet Teamarbeit?
Welche Vorteile bietet Teamarbeit für den Einzelnen?
Wie lange dauert die Arbeit mit meinem Teampartner?
Um den Teamgedanken der Kinder zu unterstützen, empfiehlt es sich, die einzelnen Teams ein Namensschild für ihr Team entwerfen und gestalten zu lassen.

Sinnvoll wäre es außerdem, die Teams bis zur Beendigung der Unterrichtsreihe bestehen zu lassen.
Bevor die festen Teams wieder aufgelöst werden, sollten die Kinder die Gelegenheit erhalten, sich von ihren Partnern zu verabschieden. Dies könnte auf folgende praktische Art und Weise geschehen:

- die Teams erhalten ein Abschiedsfoto
- die Partner malen einander ein Bild zum gemeinsamen Teamerfolg
- die Partner schreiben sich gegenseitig Briefe, in denen sie ihre Gedanken zum gemeinsamen Arbeiten verschriftlichen („Du warst ein guter Partner, weil …"/ „Ich habe gerne mit dir zusammengearbeitet, weil …"/ „Ich fand es gut, als …").

---

[1] Vgl. u. a. Slavin (1995), Johnson/Johnson (2009), Buchs/Gilles/Dutrévis/Butera (2010)
[2] Vgl. 2. Unterrichtseinheit dieser Reihe: Wie sieht mein Gebiss aus?
[3] Vgl. Green/Green (2010)
[4] Vgl. Namensschild („Extended Name Tag")
[5] Diese Sitzordnung bietet die Möglichkeit bei Bedarf einen Austausch in einem Vierer-Team zu ermöglichen und trägt der Forderung von Green/Green (2010) nach räumlicher Nähe zwischen den Partnern eines Teams Rechnung.

Methodische und organisatorische Hinweise

Rollenverteilung im Team

Ein wichtiges Element zur Erzeugung von positiver Abhängigkeit unter den Teampartnern ist die Zuteilung von Rollen innerhalb eines Teams. Diese Rollen beziehen sich entweder auf organisatorische Aufgaben (Materialmanager, Zeitmanager, Lautstärkemanager etc.) oder auf inhaltliche Aufgaben (Vorleser, Schreiber, Präsentator etc.). Zur Einführung in die Arbeit mit Rollen bietet es sich an, den Kindern zunächst organisatorische Rollen anzubieten. Dazu eigenen sich der

Materialmanager und der Zeitmanager.

Darüber hinaus schließen weitere mögliche Arbeits- und Sozialrollen an dem Prinzip des selbstständigen und eigenverantwortlichen Lernens bzw. Arbeitens in Gruppen an. Die Rollenverteilung im Team sollte die Zusammenarbeit in den Gruppen stärken. Dieser Überlegung zu Folge, sollten sie nicht nur beim Einsatz einzelner kooperativer Lernformen eingeführt werden, sondern auch in anderen Unterrichtskontexten, um den Teamgeist in der Klasse zu fördern[1].

Beispiele für weitere Arbeits- und Sozialrollen[2]:

Jedes Teammitglied wählt für einen bestimmten Zeitraum (einen Tag / eine Woche) eine Rolle aus. Die Absprachen innerhalb der Teams sind also auch in diesem Bereich notwendig und wichtig. Anschließend müssen die Rollen getauscht werden, sodass jeder Teampartner über Erfahrungen im Umgang mit den Aufgaben dieser Rollen verfügt. Sukzessive werden den Teams dann auch weitere Rollen vorgestellt und angeboten. Selbstverständlich müssen die Kinder über ihre spezifischen Aufgaben als Rollenwächter unterrichtet werden bzw. diese im Team selbst erarbeiten. Zur Verdeutlichung der Rollenverteilung im Team können die Rollensymbole auf Klammern geklebt und am Teamschild aufbewahrt werden.

---

[1] Vgl. Kalkavan/Özdil 2012
[2] Zu Arbeits- und Sozialrollen vgl. u.a. Green/Green (2010); Johnson/Johnson (2009)

Die Vorgaben zu den möglichen Rollen der einzelnen Aufgabenformate gehen über die Arbeit im Zweierteam hinaus und sind als Wahlangebot zu verstehen. Grundsätzlich sollte jedes Teammitglied für eine Teamarbeit nur eine Rolle zugewiesen bekommen[1].

Feedback über die Teamarbeit

Zur Schulung der Wahrnehmung des eigenen Arbeits- und Sozialverhaltens und für das Funktionieren der Teamarbeit erweist es sich als sinnvoll, nach jeder Teamarbeitsstunde gemeinsam mit den Kindern ihre Arbeit zu reflektieren. Dabei ist es möglich, den Fokus nur auf die Einhaltung der Rollen bzw. auf das Arbeits- bzw. Sozialverhalten der Kinder zu richten. Zum Abschluss dieser Reflexionsphase sollte jedes Team einen Aspekt der Zusammenarbeit verbalisieren oder verschriftlichen, den es in der nächsten Teamarbeit verbessern möchte.
Die Reflexionen können folgende einzelne Bereiche umfassen:
- Einhaltung der ausgewählten Rolle
- eigene Beteiligung an der Gruppenaufgabe
- eigenes Sozialverhalten dem Partner/ der Gruppe gegenüber
- Stimmung im Team
- Vorschläge zur Verbesserung der Teamarbeit

Zielabhängigkeit im Team

Die zweite Möglichkeit, positive Abhängigkeit zwischen den einzelnen Mitgliedern eines Teams zu schaffen, ist die Einführung einer Zielabhängigkeit.
Das Lernziel eines Teams ist nur dann erreicht, wenn jedes Kind des Teams sein Ziel erreicht hat! Die Festlegung des zu erreichenden Gruppenziels am Ende der kooperativen Arbeitsphase muss dementsprechend seitens des Lehrers für alle Teams vor Beginn der Arbeit vereinbart und transparent gemacht werden und kann mit einer Belohnungsstruktur verknüpft werden.
Die Aufgabenkarten, die im Rahmen der einzelnen Unterrichtseinheiten vorgestellt werden, sollten je nach Lesestärke der Lerngruppe differenziert werden. Von großer Bedeutung ist stets, dass die Aufgaben bzw. die einzelnen Phasen (Ablauf und Ziele) den Kindern transparent gemacht werden (ggf. auch an der Tafel).

Zu den ausgewählten Methoden und Darstellungsformen

Im Folgenden werden die in diesem Band im Rahmen der Unterrichtskonzepte aufgegriffenen Lernmethoden bzw. besonderen Darstellungsformen kurz erläutert[2].

Buddy-Book

Aus einem DIN-A4-Blatt wird ein kleines Büchlein mit 8 Seiten gefaltet (Faltanleitung s. Unterrichtsbeispiel „Mein Zahnbuch").

Denken-Austauschen-Vorstellen (Think-Pair-Share)

Die Teammitglieder denken über eine gemeinsame Aufgabe nach und lösen diese zunächst individuell. Anschließend findet ein Austausch statt, indem die Teilnehmer über ihre Antworten sprechen und ihre Ergebnisse vergleichen. Der Austausch der Ergebnisse und somit der individuellen Lösungswege bzw. Standpunkte ermöglicht den Schülerinnen und Schülern eine frühe Einsicht in unterschiedliche mögliche Lösungswege und Standpunkte.

Drei-Schritt-Interview

Das Drei-Schritt-Interview schließt unmittelbar an eine Einzelarbeit an. Zunächst interviewen sich die beiden Partner eines Zweierteams gegenseitig. Partner A erfragt die Arbeitsergebnisse von Partner B und umgekehrt. Im dritten Schritt arbeiten immer zwei Zweierteams zusammen und stellen abwechselnd vor, was sie im vorangegangenen Interview erfahren haben.

---

[1] Vgl. z. B. Weidner (2003)
[2] Hinweise zu den ausgewählten Methoden wurden übernommen aus: Kalkavan (2010), Kalkavan (2011), Kalkavan/Özdil (2012); vgl. auch Brüning/Saum (2006); Green/Green (2010); Huber (2004)

Zu den ausgewählten Methoden und Darstellungsformen

Fischgräte (Fishbone)

Diese Darstellung ist eine Diagrammform, bei der sich die Gruppenmitglieder Gedanken um die aufgestellte Fragestellung bzw. Problematik machen und diese dann stichpunktartig an den einzelnen „Gräten" anordnen. Dabei sortieren sie ihre Gedanken und fassen die Kernprobleme in übersichtlicher Form kurz und bündig zusammen.

Gesprächskarussell

Das Gesprächskarussell ist eine mündliche Form der kooperativen Lernmethoden. Die Teilnehmer bilden einen Innen- und einen Außenkreis, sodass sich immer zwei Gesprächspartner gegenüberstehen (bei einer ungeraden Anzahl wechseln sich zwei nebeneinanderstehende Teilnehmer ab). Die Gesprächszeit wird durch ein akustisches Signal vorgegeben. Je nach Aufgabenlänge kann das Gespräch zwischen den gegenüberstehenden Teilnehmern zwei bis drei Minuten dauern. Nach dem akustischen Signal gehen die Kinder aus dem inneren oder äußeren Kreis (je nach Vereinbarung) einen Schritt nach rechts. Auf diese Weise stehen sich wieder zwei neue Gesprächspartner gegenüber.

Graffiti (Gruppenposter)

Die Graffiti-Methode bietet die Möglichkeit, ein Thema in Unterthemen zu unterteilen und zu diesen zeitgleich Ideen zu entwickeln. Dazu werden die einzelnen Themenschwerpunkte auf Plakate oder Poster fixiert und auf Tischen verteilt. Jedes Team startet nun bei einem der Themenplakate und sammelt darauf möglichst vielfältige Einfälle (Stichwörter, Sätze, Grafiken). Eingeleitet durch ein akustisches Signal rotieren die Teams zum nächsten Plakat und setzen dort die Ideensammlung fort. Sobald die Teams wieder an ihrem Ausgangspunkt angelangt sind, werden die einzelnen Ideen gesichtet und diskutiert. In einem weiteren Arbeitsschritt werden diese kategorisiert und zusammengefasst. Zum Schluss wird das Gesamtergebnis präsentiert.

Line-Up

Die Teilnehmer müssen sich unter Berücksichtigung der Aufgabenstellung und nach Absprache im Team in einer Reihe aufstellen, die die korrekte Abfolge der einzelnen Lösungsteile darstellen soll; beispielsweise wenn die Teammitglieder einzelne Textauszüge gemeinsam wieder in die richtige Reihenfolge bringen (→ Textrekonstruktion).

Namensschild (Extended Name Tag)

Das Namensschild ist ursprünglich als *Kennenlern*-Methode für die Teammitglieder einer Gruppe gedacht. Jeder Teilnehmer bekommt ein Namensschild und muss in die Mitte seinen Namen aufschreiben. In die vier Ecken des Namensschildes werden die Antworten zu den vorgegebenen Fragestellungen eingetragen. Auf diese Weise können sich in einem Zweierteam die Kollegen mithilfe dieses Namensschildes selbst vorstellen. In einem weiteren Schritt stellen sie in einem Viererteam – nach dem Prinzip *Think-Pair-Share* – ihren Partner dem anderen Zweierteam vor.

Platzdeckchen (Placemat)

Für die Platzdeckchen-Methode werden idealerweise Vierergruppen gebildet. Gleich nach der Gruppenbildung und Klärung der Aufgabenstellung fangen die Gruppenmitglieder an, eigenständig zu arbeiten. Dafür erhält jede Arbeitsgruppe die jeweilige Aufgabe und die Platzdeckchen-Vorlage, auf dem jeder einen eigenen „Schreibbereich" hat. Die Mitte des Platzdeckchens wird für ein gemeinsames Gruppenergebnis nach Absprache freigehalten. Nach dem Austausch über die individuellen Lösungen bzw. Lösungswege entscheidet sich die Gruppe für ein gemeinsames Gruppenergebnis, das der Schreiber in das mittlere Feld einträgt. Abschließend stellt der Präsentator der Gruppe das Endergebnis der Klasse vor.

Mindmap

Mindmaps bieten die Möglichkeit, ein Thema visuell zu einem zusammenhängenden Wissenskörper zu organisieren. Dieses Vorgehen hilft dem Lernenden, Gedanken aufzuzeichnen und anschließend Beziehungen zwischen diesen herzustellen. Im Zentrum der Mindmap steht dabei immer das zentrale Thema oder Konzept. Wichtige Informationen werden durch Kreise, Pfeile oder Linien markiert. Die Nutzung von unterschiedlichen Farben vereinfacht die Übersicht und erleichtert das Merken für den Lernenden.

Symbole

Neben den gebräuchlichen Symbolen werden folgende in diesem Band für Aufgabenformate verwendet:

Einzelarbeit

Partnerarbeit

Gruppenarbeit

Plenum

Zusatzaufgabe

Vergleich und Diskussion

Was wollen wir über unsere Zähne wissen?

Methoden	Graffiti (Gruppenposter)/Mindmap
Fachliche Ziele	Aktivierung des Vorwissen, Ideen und Fragestellungen entwickeln, Ergebnisse vergleichen, Gedanken strukturieren und ordnen, Ergebnisse präsentieren
Sozialziele	Absprachen treffen, aufeinander warten, Hilfestellungen geben und aufeinander eingehen
Mögliche Rollen für die Partnerarbeit	Gruppensprecher, Lautstärkenregler, Leser, Materialmanager, Schreiber, Überprüfer, Zeitmanager
Materialien	für jede Tischgruppe ein Poster (DIN-A3): a) „Zähne ..." oder b) „Ich möchte wissen ...", Aufgabenkarten für die Gruppen, Mindmap (für jedes Kind): a) „Zähne ..." oder b) „Ich möchte wissen ...", Stift, Buntstifte, Lineal
Hinweise	Für die Durchführung sollten möglichst Vierergruppen gebildet werden. Die Anzahl der Gruppenmitglieder in einem Team muss jeweils gerade sein, sodass immer zwei Tischgruppen miteinander tauschen können. Jede Tischgruppe benötigt ein Poster (a oder b). Die Aufteilung in (a) und (b) dient hierbei nicht der inneren Differenzierung, sondern beinhaltet zwei unterschiedliche Aufgabenstellungen. Sinnvoll wäre, die Poster nach Aufgabenstellung farblich zu unterscheiden. Angrenzende Tischgruppen erhalten jeweils unterschiedliche Aufgabenstellungen. Jede Tischgruppe sollte in vorgegebener Zeit beide Aufgabenstellungen bearbeiten. Die Kinder können entweder gleichzeitig schreiben oder in vorher festgelegter Reihenfolge arbeiten. Leseschwache Kinder dürfen sich Leseunterstützung beim Leser des Teams holen oder diesem das Vorlesen ganz übertragen. Die einzelnen Mindmaps der Kinder sollten zum Schluss zu einer gemeinsamen Mindmap zusammengefasst werden. Insbesondere die Mindmap mit dem Thema „Ich möchte wissen ..." sollte während der gesamten Unterrichtsreihe im Klassenraum visualisiert bleiben. So erhalten die Kinder die Möglichkeit, Fragen, die sich während der Unterrichtsreihe entwickeln, fortlaufend zu dokumentieren.
Aufgaben	1. Graffiti Materialien: Poster (DIN-A3): a) „Zähne ..." und b) „Ich möchte wissen ...", Aufgabenkarten für die Gruppe (a und b), Stift

    1. Gruppenarbeit: Der Leser der Gruppe liest die Aufgabenkarte und den Satzanfang auf dem Poster laut vor.
    2. Einzelarbeit/Gruppenarbeit:
      a) Jedes Kind schreibt sein individuelles Wissen bzw. seine Ideen auf das Poster.
      b) Eingeleitet durch ein akustisches Signal wechseln die Gruppenteams zu einem Tisch mit der zweiten Aufgabenstellung (rot wechselt zu blau und umgekehrt).
    3. Gruppenarbeit: Ein akustisches Signal beendet die Arbeitsphase und die Teams kehren zu ihren Ausgangstischen zurück. Die Kinder lesen nun abwechselnd die Sätze auf dem Poster vor.

2. Mindmap
Materialien: Gruppenposter (a oder b), Mindmap (a oder b) für jedes Kind, Aufgabenkarte für die Gruppen, Stift, Buntstifte, Lineal

    1. Gruppenarbeit: Die Kinder lesen sich abwechselnd die Sätze auf dem Poster vor (dies sollten sie vorher üben). Anschließend überprüfen die Kinder die Sätze inhaltlich. Inhaltsgleiche Sätze werden jeweils mit einer Farbe unterstrichen. Dies sollte abwechselnd und nach gemeinsamer Beratung aller Teammitglieder erfolgen.
    2. Einzelarbeit/Partnerarbeit: Jedes Kind schreibt jeweils eine der Aussagen einer Farbe auf eine Linie der Mindmap.
    3. Präsentation: Jede Gruppe wählt einen Gruppensprecher, der die erarbeitete Mindmap dem Klassenplenum an der Tafel präsentiert.

Was wollen wir über unsere Zähne wissen? (1)

a) „Zähne…"

1. Du brauchst einen Stift.

2. Schreibe auf das Poster, was du über Zähne weißt.

3. Lest euch zum Schluss abwechselnd alle Sätze auf dem Poster vor.

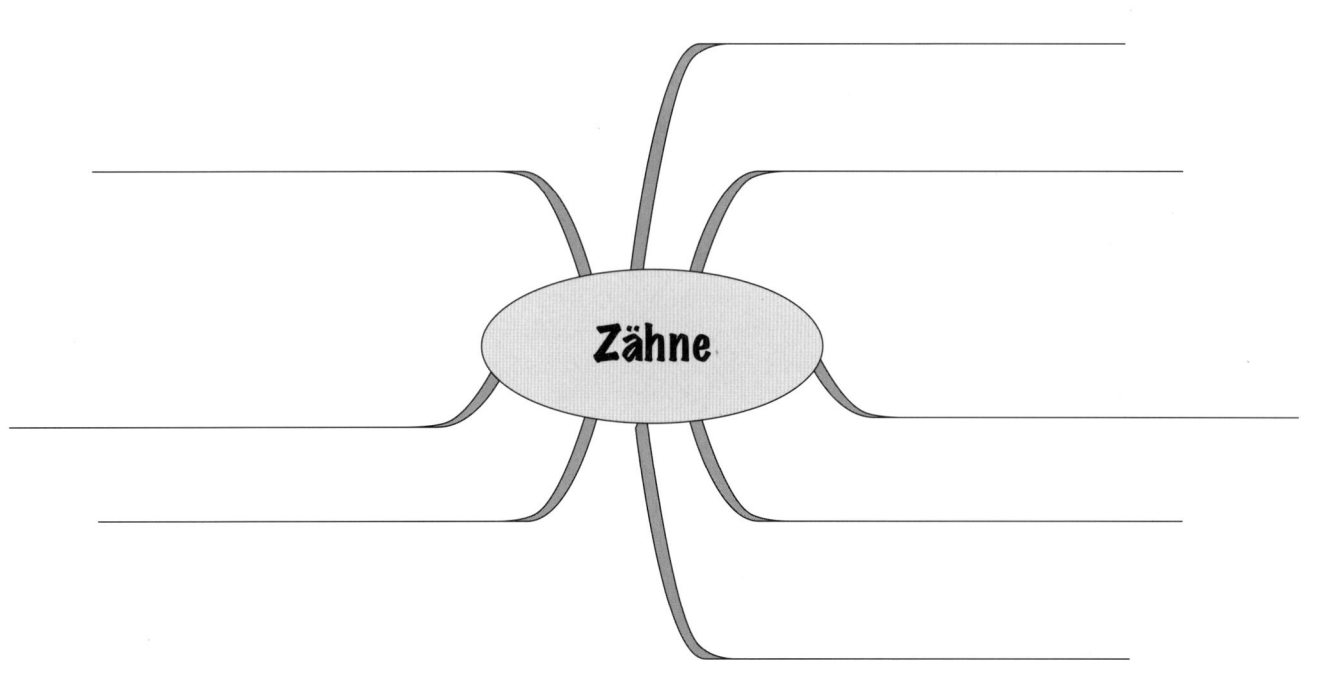

Was wollen wir über unsere Zähne wissen? (2)

b) „Ich möchte wissen..."

1. Du brauchst einen Stift.

2. Schreibe auf das Poster, was du über das Thema Zähne noch wissen möchtest.

3. Lest euch zum Schluss abwechselnd alle Sätze auf dem Poster vor.

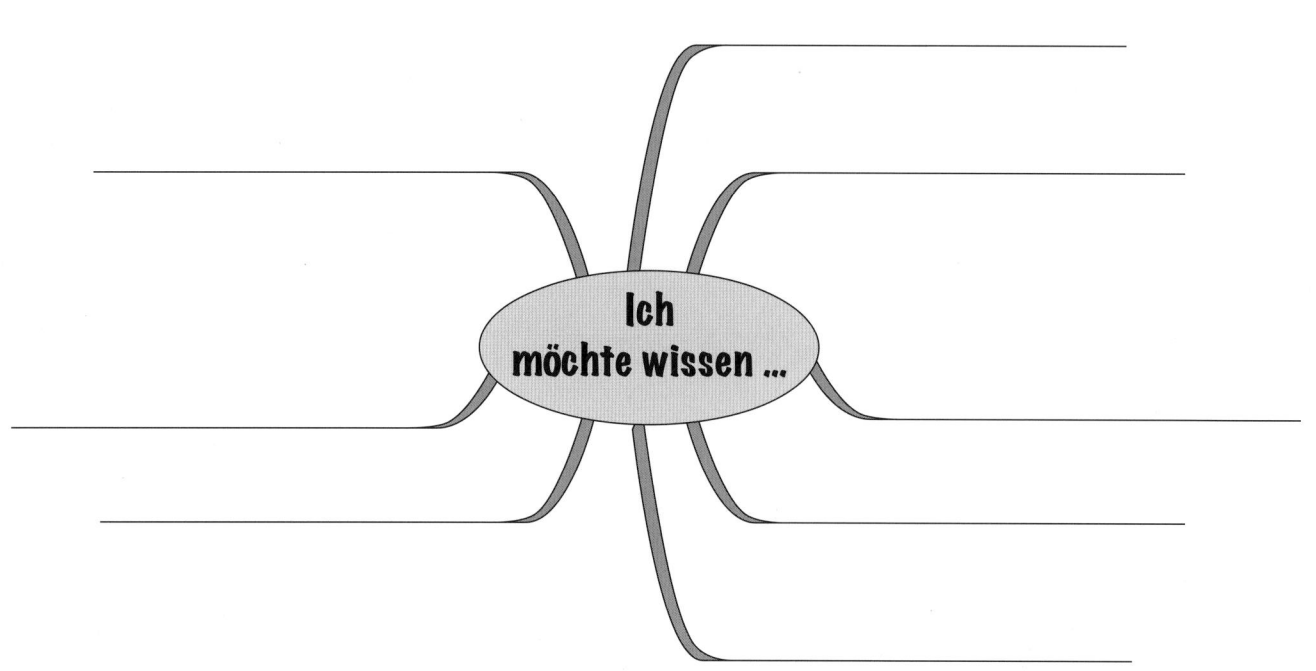

Was wollen wir über unsere Zähne wissen? (3)

1. Lest euch abwechselnd die Sätze auf dem Poster vor.

2. Unterstreicht alle Sätze, die zusammengehören, mit einer Farbe.
   Besprecht euch mit den Partnern.
   Arbeitet abwechselnd.

3. Schreibe auf jede Linie der Mindmap einen Satz einer Farbe.

4. Überprüft, ob jedes Kind gleich viele Sätze aufgeschrieben hat.

5. Wählt einen Gruppensprecher.
   Er soll die Mindmap den anderen Gruppen vorstellen.

Unterrichtsbeispiele und Arbeitsmaterialien

Wie sieht mein Gebiss aus?

Methode	Drei-Schritt-Interview
Fachliche Ziele	Aktivierung des Vorwissen, Betrachtung des eigenen Gebisses, grundlegende Kenntnisse über den Aufbau des Milchgebisses, Vorgang des Zahnwechsels erkennen, Informationen austauschen, Verständnisfragen stellen, Erklärungen finden und formulieren, Ergebnisse präsentieren und vergleichen
Sozialziele	Austausch mit Partnern, Zuhören lernen, Beteiligung entwickeln, Absprachen treffen, Hilfestellungen geben
Mögliche Rollen für die Partnerarbeit	Gruppensprecher, Lautstärkenregler, Materialmanager, Schreiber, Zeitmanager
Materialien	Handspiegel für jedes Kind, Arbeitsblätter „Mein Zahnpass" (1 + 2), Arbeitsblätter „Zahn-Interview" (1 + 2)
Hinweise	Es bietet sich an, den fortlaufenden Prozess des Zahnwechsels der Kinder mithilfe einer Strichliste im Klassenraum zu visualisieren und fortzuführen. Den Kindern wird dadurch ermöglicht, untereinander Vergleiche anzustellen sowie individuelle Entwicklungen über einen längeren Zeitraum zu beobachten und zu dokumentieren.
Aufgaben	1. Einzelarbeit: Die Kinder lesen den Arbeitsauftrag auf dem Arbeitsblatt und überprüfen ihren Zahnstatus mithilfe eines Handspiegels. Anschließend dokumentieren sie die Anzahl ihrer Zähne und kreuzen fehlende Zähne auf dem Bild (Gebissmodell) an. Die Zusatzaufgabe besteht darin, Rückschlüsse zwischen dem Bild des Milchzahngebisses und dem eigenen Zahnentwicklungsstand zu ziehen und damit einhergehend den Prozess des Zahnwechsels wahrzunehmen und zu erkennen. 2. Partnerarbeit: Die Kinder interviewen sich abwechselnd bzgl. der aktuellen Anzahl ihrer Zähne und der ihrer bereits ausgefallenen Milchzähne. Sie dokumentieren die Antworten auf dem jeweils eigenen Arbeitsblatt. Eventuell stellen sich die Kinder anschließend gegenseitig das Ergebnis der Zusatzaufgabe vor oder geben bei der Bearbeitung dieser Aufgabe Hilfestellung. 3. Austausch: Die Kinder stellen abwechselnd den anderen Mitgliedern der Tischgruppe das Ergebnis ihres Partner-Interviews vor. Danach sollen die Kinder eine Erklärung finden, warum vermutlich einige Kinder der Gruppe mehr als zwanzig Zähne besitzen oder zumindest mehr Zähne als die Anzahl ihrer ausgefallenen Zähne vermuten lässt. Der Verweis der Zusatzaufgabe (Einzelarbeit) auf die Zahl der bleibenden Zähne soll den Kindern dabei helfen, den Zusammenhang des Zahnwechsels zu erkennen und zu versprachlichen. Anschließend wird ein Gruppensprecher/Schreiber bestimmt, der die Arbeitsergebnisse vorstellt oder in die von der Lehrperson vorbereitete Strichliste überträgt.

Die Strichliste könnte so aussehen:

Name	Anzahl der ausgefallenen Milchzähne	Anzahl der bleibenden Zähne

4. Zur vertiefenden Übung der Durchführung eines Partner-Interviews werden die Aufgabenblätter zum „Zahn-Interview" angeboten. Diese Blätter könnten sowohl Kindern mit bereits gut entwickelter Schreibfähigkeit als auch schnell arbeitenden Teams angeboten werden. Möglich wäre aber auch eine Durchführung mit der gesamten Lerngruppe.

Aufgabenblatt

Mein Zahnpass (1)

Aufgaben:

1. Lies den Satz.

   Schau dir das Bild genau an.

   Das Milchgebiss eines Kindes hat 20 Zähne.

2. Wie viele Zähne hast du?

   Schau in den Spiegel und überprüfe!

   Zähle deine Zähne.

   Datum: _____

   Heute habe ich _____ Zähne.

3. Male die Zähne, die dir fehlen, im Bild an.

   Mir fehlen diese Zähne:

4. Wie viele Zähne sind bei dir schon ausgefallen?

   Schreibe auf: _____

5. Wie viele bleibende Zähne hast du schon?

   Schreibe auf: _____

Aufgabenblatt

Mein Zahnpass (2)

1. Wie viele Zähne hat dein Partner?
   Schreibe auf, wie viele Zähne dein Partner hat.

   _____ hat _____ Zähne.

2. Wie viele Zähne sind bei deinem Partner schon ausgefallen?

   Schreibe auf: _____

3. Wie viele bleibende Zähne hat dein Partner schon? _____

4. Erzähle den Kindern am Tisch, was du über deinen Partner herausgefunden hast.

5. Schreibe auf, was die anderen Kinder herausgefunden haben.
   Wechselt euch dabei ab.

   _____ hat _____ Zähne.   Wie viele Zähne sind ausgefallen?: _____

   _____ hat _____ Zähne.   Wie viele Zähne sind ausgefallen?: _____

   _____ hat _____ Zähne.   Wie viele Zähne sind ausgefallen?: _____

6. Warum haben einige Kinder mehr als 20 Zähne? Schreibt auf.

   _____

   _____

   _____

Zahn-Interview (1)

1. Überlege dir Fragen, die du deinem Partner zu seinen Zähnen stellen kannst.

   Du kannst zum Beispiel fragen:
   Wie oft putzt du an einem Tag die Zähne?

   Schreibe dann seine Antwort auf.

   _____ putzt seine Zähne _____ mal am Tag.

   Stell deinem Partner auch Fragen zu:

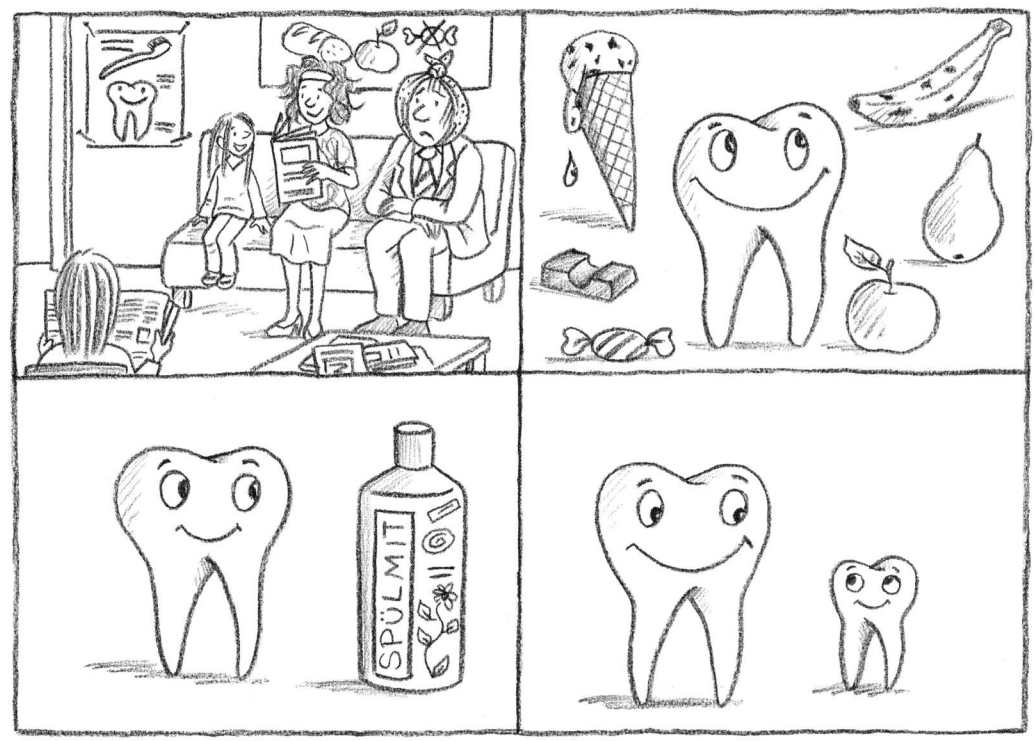

2. Schreibe erst die Fragen auf das Interview-Blatt.

3. Wenn dein Partner auch fertig ist, könnt ihr euch gegenseitig eure Fragen stellen. Wechselt euch ab.

4. Schreibe die Antworten deines Partners auch auf dein Blatt.

Zahn-Interview (2)

Interviewkind: _____

Interviewpartner: _____

Frage: _____
_____

Antwort: _____
_____

Frage: _____
_____

Antwort: _____
_____

Frage: _____
_____

Antwort: _____
_____

Frage: _____
_____

Antwort: _____
_____

Frage: _____
_____

Antwort: _____
_____

Unsere Zähne sind verschieden – Erstellen eines Zahnbuchs

Methode	Denken-Austauschen-Vorstellen (Think-Pair-Share) / Buddy-Book
Fachliche Ziele	Aktivierung des Vorwissen, Leseverstehen trainieren (Arbeitsaufträge umsetzen), Unterschiede von Form und Lage der Schneide-, Eck- und Backenzähne kennenlernen, Kenntnisse über den Aufbau des bleibenden Gebisses erwerben, Vergleiche anstellen, Beziehungen zwischen Milchgebiss und bleibendem Gebiss erkennen und übertragen, Verständnisfragen stellen, Ergebnisse vergleichen
Sozialziele	Austausch mit dem Partner, Zuhören lernen, Beteiligung entwickeln, Absprachen treffen, Hilfestellungen geben
Mögliche Rollen für die Partnerarbeit	Ermunterer, Lautstärkenregler, Materialmanager, Zeitmanager
Materialien	weiße oder farbige Blätter für das Buddy-Book, Arbeitsblatt „Mein Zahnbuch", Aufgabenkarten 1 und 2, Schere, Kleber, Buntstifte (grün, rot, blau)
Hinweise	Die Arbeitsschritte zum Falten des Buddy-Books sollten zunächst kleinschrittig gemeinsam mit den Kindern durchgeführt werden. Es empfiehlt sich, diese an der Tafel zu visualisieren. Anschließend sollten die Arbeitsanweisungen sowie die Anordnung von Text und Bild im Buddy-Book besprochen werden. Zentrale Begriffe wie Deckseite, Doppelseite und Rückseite müssen den Kindern verständlich sein. Auf die Deckseite wird das Bild des großen Milchzahngebisses (1) geklebt. Eine Doppelseite meint die sich gegenüberliegenden Seiten im Buch. Diese werden jeweils mit einem Bild des Milchzahngebisses und abwechselnd mit einem Zuordnungstext (Schneide-, Eck-oder Backenzahn) beklebt. Die Rückseite des Buches erhält das Bild des großen bleibenden Gebisses. Auf dem Arbeitsblatt ist eine fortlaufende Nummerierung angebracht, nach deren Reihenfolge die Kinder Bild und Text selbstständig im Buddy-Book zuordnen können. Ein Lösungsbuch könnte zur individuellen Überprüfung der Ergebnisse vorbereitet und ausgelegt werden. Im Anschluss an die Erstellung des Zahnbuchs wäre es sinnvoll, den Kindern Knete zur Verfügung zu stellen, um die unterschiedlichen Zahnformen (Schneide-, Eck- und Backenzahn) nachzubauen, oder Salzteig (weiß und rot), um ein Gebissmodell in Gruppenarbeit zu erstellen. Die Kinder können zwischen dem Bau eines Milchgebisses oder dem des bleibenden Gebisses wählen.
Aufgaben	1. Im Klassenplenum wird das Zahnbuch (Buddy-Book) gefaltet. 2. Einzelarbeit: Nachdem die Kinder die Bilder und Texte ausgeschnitten haben, kleben sie diese entsprechend ihrer Nummerierung in das Zahnbuch. Danach malen sie die Zähne der Doppelseiten entsprechend farbig an. Zum Schluss bestimmen die Kinder die Anzahl der Zähne im Milchgebiss und im bleibenden Gebiss. 3. Partnerarbeit: Die Kinder besprechen und vergleichen ihre Arbeitsergebnisse mit dem Partner. Anschließend sollen sie gemeinsam die Schneide-, Eck- und Backenzähne im bleibenden Gebiss bestimmen und entsprechend der Farben im Milchgebiss anmalen.

Zahnbuch (Buddy-Book)

So falten Sie mit den Kindern ein Buddy-Book:

Erstellen eines Faltbüchleins

1. Falte das Blatt entlang der langen Mittellinie.

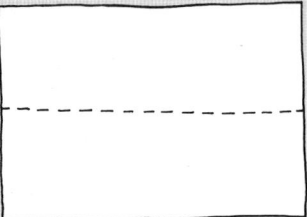

2. Falte es dann wieder auseinander.

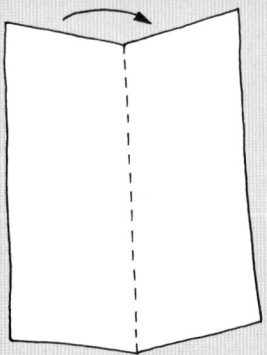

3. Falte das Blatt entlang der kurzen Mittellinie.

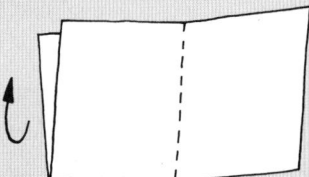

4. Falte die Kanten nach außen zur Mittellinie (es entsteht ein längliches Leporello).

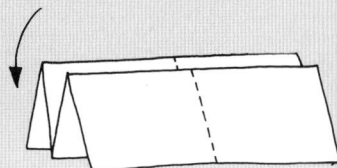

5. Falte die Kanten nun wieder auseinander und schneide das Blatt im DIN-A5-Format an der geschlossenen Seite bis zur Mitte (Knick) ein. Das Blatt besteht nun aus acht gleichgroßen Rechtecken in DIN-A7-Größe.

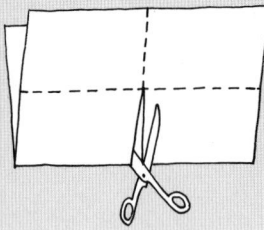

6. Falte das Blatt wieder auseinander zum DIN-A4-Format. Das Blatt hat einen Schlitz in der Mitte.

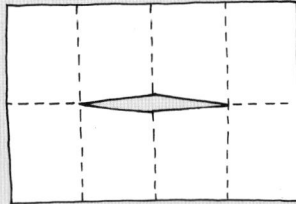

7. Falte das Blatt erneut an der langen Mittellinie zusammen und schiebe die äußeren Kanten zusammen, sodass du ein Heft in DIN-A7-Größe erhältst.

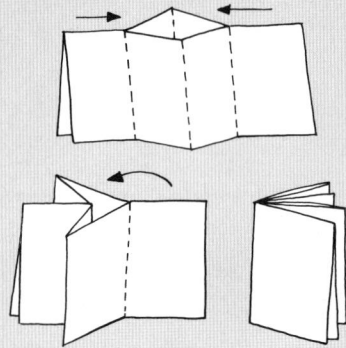

Aufgabenblatt

Zahnbuch

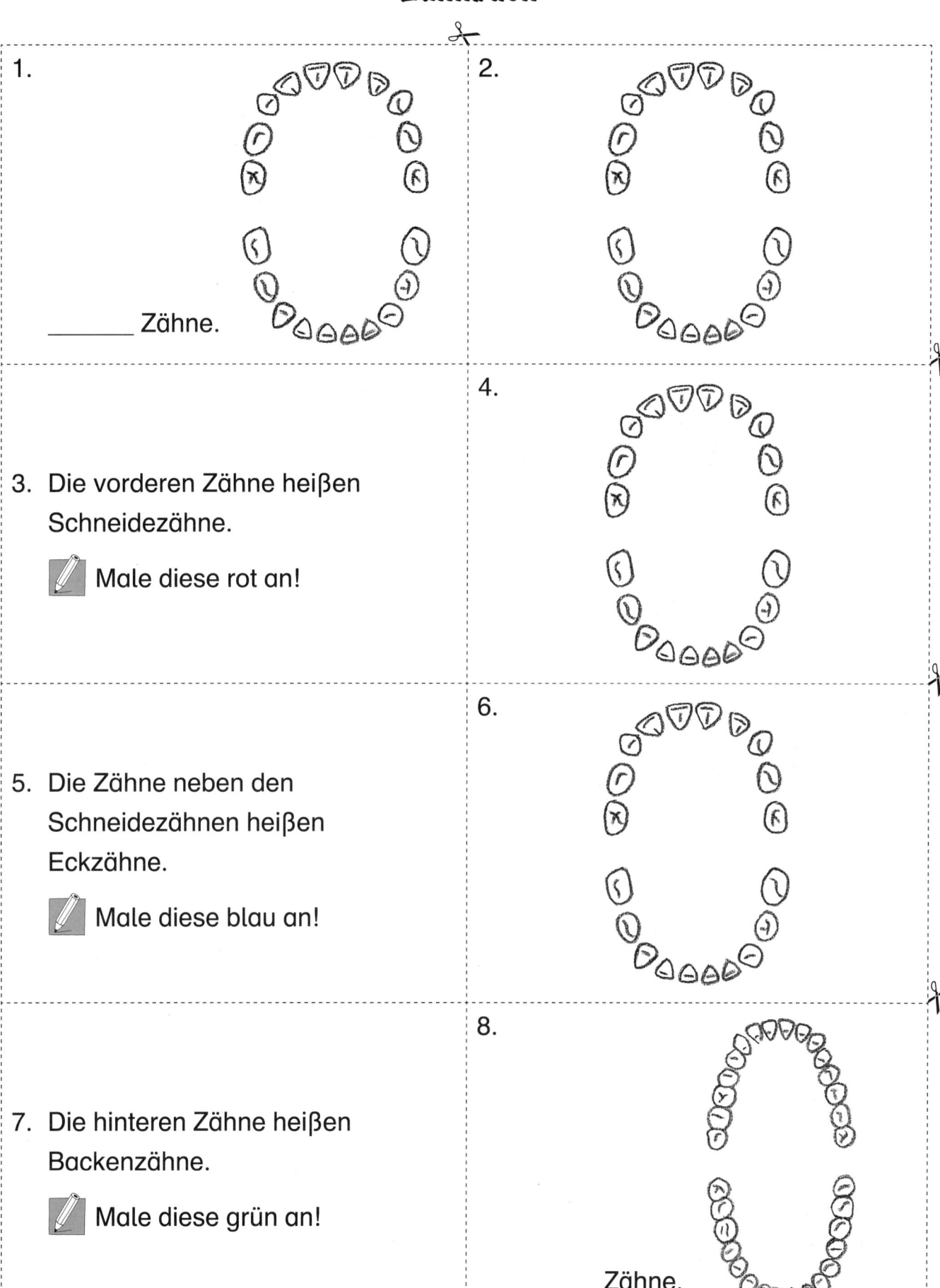

1. _____ Zähne.

2.

3. Die vorderen Zähne heißen Schneidezähne.

    ✏ Male diese rot an!

4.

5. Die Zähne neben den Schneidezähnen heißen Eckzähne.

    ✏ Male diese blau an!

6.

7. Die hinteren Zähne heißen Backenzähne.

    ✏ Male diese grün an!

8. _____ Zähne.

Heike Murglat / Zeynep Kalkavan: Gesunde Zähne
© Persen Verlag

Aufgabenblatt

Mein Zahnbuch (1)

1. Schneide die Bilder und die Textkarten aus.

2. Klebe das Bild des **Milchzahngebisses** (1) auf die Deckseite des Buches.
   Klebe danach immer ein Bild und die passende Textkarte auf eine Doppelseite.
   Klebe das Bild des **bleibenden Gebisses** auf die Rückseite des Buches.

3. Male die Zähne an.
   Achte auf die richtige Farbe!

4. Zähle die Zähne im **Milchzahngebiss** (Deckseite).
   Zähle auch die Zähne im **bleibenden Gebiss** (Rückseite).

Mein Zahnbuch (2)

1. Vergleiche mit deinem Partner die Anzahl der Zähne.
   Schreibe die Anzahl auf:

   Milchzahngebiss   (Deckseite deines Zahnbuchs): _____

   bleibendes Gebiss   (Rückseite deines Zahnbuchs): _____

2. Überlege mit deinem Partner:
   Welche Zähne sind im bleibenden Gebiss die Schneidezähne, Eckzähne und Backenzähne?

3. Male die Zähne an.
   Benutze die Farben, die in deinem Zahnbuch stehen.

Jeder Zahn hat seine Aufgabe

Methode	Denken-Austauschen-Vorstellen (Think-Pair-Share) / Fischgräte (Fishbone)
Fachliche Ziele	Aktivierung des Vorwissen, bewusstes Beobachten der Vorgänge im Mund beim Zerkleinern von Nahrung, Unterscheidung von Schneide-, Eck- und Backenzahn, Kennenlernen der Funktion der unterschiedlichen Zähne, Verständnisfragen stellen, Ergebnisse strukturieren, vergleichen und diskutieren
Sozialziele	Austausch mit dem Partner, Zuhören lernen, Beteiligung entwickeln, Hilfestellungen geben und aufeinander eingehen
Mögliche Rollen für die Partnerarbeit	Ermunterer, Lautstärkenregler, Materialmanager, Zeitmanager
Materialien	Für jeden Gruppentisch je ein Schälchen mit vorbereiteten Birnen, Brot, Nüssen, Bananen und Weintrauben, Arbeitsblatt Fischgräte (siehe S. 39 – auf DIN A3 vergrößern), Bildblatt, Aufgabenkarte, Tippkarte
Hinweise	Zu Beginn der Unterrichtseinheit muss unbedingt erfragt werden, ob ein Kind der Klasse allergisch auf eines der ausgewählten Nahrungsmittel reagiert. Wenn dies der Fall ist, arbeitet dieses Kind von Beginn an mit einem Partner und beobachtet lediglich die Vorgänge beim Zerkleinern der Nahrung im Mund des Partners. Die sorgfältige Beobachtung dieser Vorgänge im Mund sollte den Kindern vorab anhand eines Demonstrationsversuchs durch die Lehrperson verdeutlicht werden. Da es beim Zerkleinern der Nahrung oft nicht einfach ist zwischen den Eck- und den Schneidezähnen zu unterscheiden, sollte zunächst auch wirklich nur das Abbeißen und das Kauen thematisiert werden. Zudem sollte der sorgsame Umgang mit Lebensmitteln im Unterricht sowie auch die Einhaltung grundlegender Hygieneregeln mit den Kindern im Vorfeld besprochen und vereinbart werden. Die Kinder können wählen, ob sie die Nahrungsmittel und Zahnformen auf der Fischgräte verschriftlichen oder aber das Bildblatt benutzen. Die Kinder sollten außerdem in den Umgang mit der Fischgräte eingeführt werden. Dafür empfiehlt sich die Visualisierung an der Tafel oder am Overhead-Projektor. Auf die linke Seite der Fischgräte schreiben die Kinder untereinander die Namen der probierten Nahrungsmittel (in der Reihenfolge der Durchführung). An der rechten Seite der Fischgräte ordnen die Kinder die von ihnen zum Abbeißen und Kauen benötigten Zahnformen zu. Den Kindern bleibt dabei frei, für das Abbeißen die Schneide- und die Eckzähne als Ergebnis einzutragen. Die zusätzliche Funktion der Eckzähne, das Festhalten der härteren Lebensmittel, wird in der Differenzierungsaufgabe für schneller arbeitende Schülerpaare thematisiert und sollte im Anschluss an die Partnerarbeit im Plenum angesprochen werden. Die dazugehörige Tippkarte sollte den Kindern in ausreichender Anzahl zur Verfügung gestellt werden.
Aufgaben	1. Einzelarbeit: Die Kinder entscheiden sich zunächst für eine Arbeitsform (Verschriftlichung oder Bildblatt). Sie wählen ein Nahrungsmittel aus und schreiben bzw. kleben den Namen / das entsprechende Bild auf die linke obere Linie der Fischgräte. Anschließend essen sie das Nahrungsmittel langsam und beobachten sorgfältig, welche Zähne sie zum Abbeißen und Kauen dieses Nahrungsmittels benötigen. Diese werden dann anschließend auf die dazugehörige rechte Seite der Fischgräte geschrieben oder geklebt. Diesen Vorgang wiederholen die Kinder so lange, bis alle Nahrungsmittel von ihnen getestet wurden. 2. Partnerarbeit: Die Kinder vergleichen ihre Zuordnung von Nahrungsmittel und Zahnform auf ihren Fischgräten. Sollten bei den Kindern Unstimmigkeiten bei der Zuordnung auftreten, so wiederholen sie den Essversuch. 3. Die einzelnen Gruppen präsentieren ihre Arbeitsergebnisse dem Klassenplenum.

Fischgräte (1)

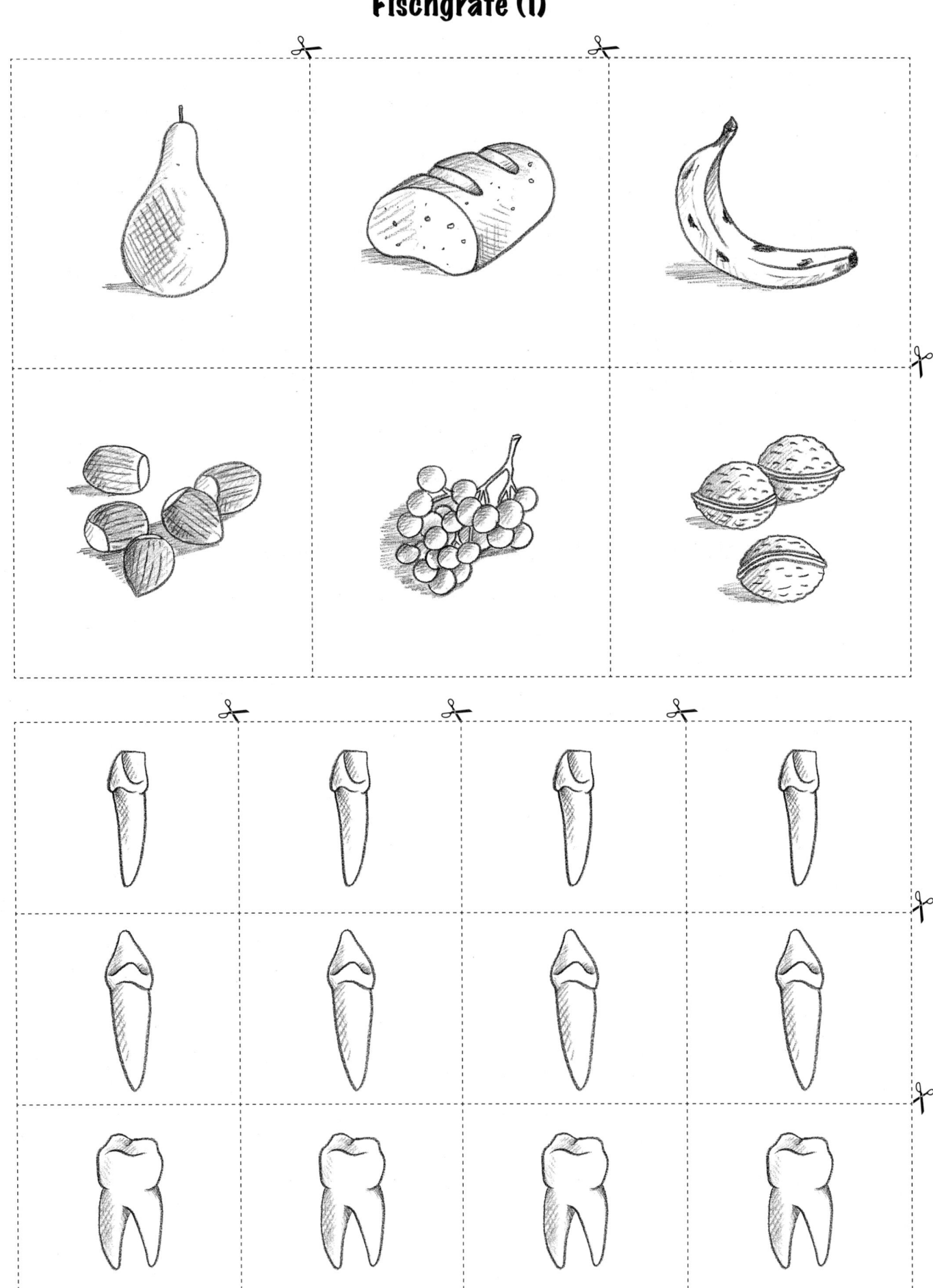

Fischgräte (2)

1.  Wähle ein Nahrungsmittel aus.
   Schreibe oder klebe das Nahrungsmittel auf die obere linke Linie der Fischgräte.

2.  Probiere das Nahrungsmittel.
   Beobachte genau, welche Zähne du zum Abbeißen und Kauen brauchst.

3.  Schreibe oder klebe die Zähne, die du benutzt hast, auf die dazu passende rechte Seite der Fischgräte. Wiederhole es so oft, bis du alles probiert hast.

   Tipp: Manchmal musst du vielleicht auch zwei Zahnformen auswählen.

4.  Vergleiche deine Fischgräte mit deinem Partner.
   Habt ihr nicht dieselben Zähne gewählt?
   Dann esst das Nahrungsmittel noch einmal!
   Überprüft noch einmal eure Ergebnisse!

5. Welche Aufgabe haben die Eckzähne?
   Lies die Tippkarte!

Tippkarte:

Eckzähne

Die Eckzähne helfen beim Abbeißen.

Sie arbeiten wie eine Zange.

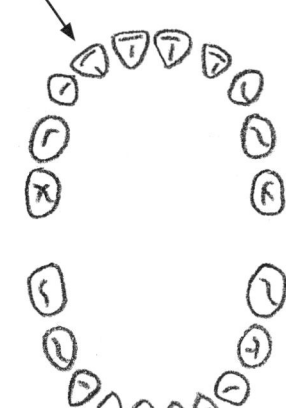

Was passiert mit unseren Zähnen, wenn wir sie nicht putzen?

Methoden	Gesprächskarussell / Experiment „Eiertest" / Platzdeckchen
Fachliche Ziele	Aktivierung des Vorwissens, ein Experiment nach Anleitung durchführen, Kenntnisse über den Aufbau und die Zusammensetzung des Zahnschmelzes erwerben, Veränderungen wahrnehmen, Beobachtungen verbalisieren und verschriftlichen, Schutzfunktion von Fluorid erkennen, Einsicht in die Bedeutung des Zähneputzens für die Zahngesundheit erwerben, Informationen austauschen, Verständnisfragen stellen, Ergebnisse erarbeiten, präsentieren und vergleichen
Sozialziele	Austausch mit Partnern, Zuhören lernen, Beteiligung entwickeln, Absprachen treffen, Hilfestellungen geben
Mögliche Rollen für die Partnerarbeit	Ermunterer, Gruppensprecher, Lautstärkenregler, Materialmanager, Schreiber, Vermuter, Vorleser, Zeitmanager, Zuhörer
Materialien	Für jeden Gruppentisch je ein DIN-A3-Arbeitsblatt Experiment „Eiertest", Ei, ein Eierbecher, Fluoridgel, Sanduhr, Glas mit Essig, Schale mit Wasser, Arbeitsblatt Platzdeckchen (DIN A3), Tippblatt (nur bei Bedarf)
Hinweise	Diese Unterrichtseinheit soll exemplarisch zeigen, wie Kinder durch den zusätzlichen Einsatz kooperativer Lernmethoden an die einzelnen Phasen des Experimentierens (Vermutung, Beobachtung, Erklärung) herangeführt werden können. Der Einstieg in das Experiment (Aktivierung des Wissens) wird durch die Durchführung eines Gesprächskarussells eingeleitet. Da die Durchführung dieses Karussells im ersten Schuljahr einiger Übung bedarf, sollten die Kinder zur Verdeutlichung ihrer Rolle (Vermuter/Zuhörer – siehe S. 41) die entsprechende Symbolkarte mit in den Besprechungskreis nehmen. Der durch das akustische Signal eingeleitete Rollentausch wird mit dem Tausch der Symbolkarten vollzogen. Für die anschließende Durchführung des Experimentes und die Arbeit mit dem Platzdeckchen sollten möglichst Vierergruppen gebildet werden. Die Rollenzuteilung für das Experiment bietet die Möglichkeit der Differenzierung für jedes Gruppenmitglied. Sollten die Kinder die Veränderungen an der Eierschale nicht wahrnehmen, so können die Fragen auf der Tippkarte 1 (Beobachtung) dazu anleiten die Beobachtung zu fokussieren. Die Fragen können den Gruppen auch einzeln ausgehändigt werden. Die Tippkarte 2 (Erklärung) hilft den Gruppen gemeinsam eine Erklärung zu formulieren. Gruppen, die selbstständig eine Erklärung erarbeitet haben, dient die Tippkarte als Lösungsblatt. Grundsätzlich ist es möglich, alle drei Methoden in einer Unterrichtsstunde durchzuführen. Empfehlenswert wäre aber eine Aufteilung der einzelnen Phasen auf zwei oder drei aufeinanderfolgende Unterrichtsstunden.
Aufgaben	1. Einstieg: Der Arbeitsauftrag „Was passiert mit unseren Zähnen, wenn wir sie nicht putzen?" wird den Kindern zu Beginn der Stunde vorgestellt und an der Tafel visualisiert. Die Kinder stellen sich im Doppelkreis gegenüber auf. Eingeleitet durch ein akustisches Signal berichtet das jeweils außenstehende Kind dem gegenüberstehenden Partner seine Vermutung. Das innenstehende Kind ist der Zuhörer und fragt bei Unklarheiten nach. Beim erneuten Ertönen des akustischen Signals erhalten die Kinder die Aufforderung ihre Rollen (Vermuter/Zuhörer) zu tauschen. Das nächste akustische Signal fordert die außenstehenden Kinder dazu auf, einen Partnerwechsel nach rechts vorzunehmen. Dieser Vorgang sollte so lange fortgesetzt werden, bis jedes Kind mindestens zwei Interviews geführt hat. Nachdem die Kinder wieder an ihren Tischplatz zurückgekehrt sind, werden alle geäußerten Vermutungen an der Tafel gesammelt. 2. Experiment „Eiertest" (Gruppenarbeit): Die Kinder führen in Vierergruppen das Experiment entsprechend ihrer Rollenzuordnung durch. Die Kinder verbalisieren ihre Beobachtungen in der Gruppe und/oder im Klassenplenum. 3. Platzdeckchen (Beobachtung und Erklärung): Jedes Kind verschriftlicht seine Beobachtung aus dem Experiment auf einem der äußeren Felder des Arbeitsblattes. Auch in dieser Phase kann die Tippkarte 1 dabei helfen, die eigene Beobachtung zu strukturieren. Anschließend fertigen die Kinder eine Skizze ihrer Beobachtung an. Danach stellen sich die Kinder abwechselnd sowohl ihre Beobachtung als auch ihre Skizze vor. Zum Schluss erarbeiten sie gemeinsam eine Erklärung für ihre Beobachtungen und verschriftlichen diese in der Mitte des Arbeitsblattes. Der Gruppensprecher stellt die Erklärung im Plenum vor.

Experiment: Eiertest

Ihr braucht:

1 Ei
1 Eierbecher
1 Fluoridgel
1 Sanduhr
1 Glas mit Essig
1 Schale mit Wasser

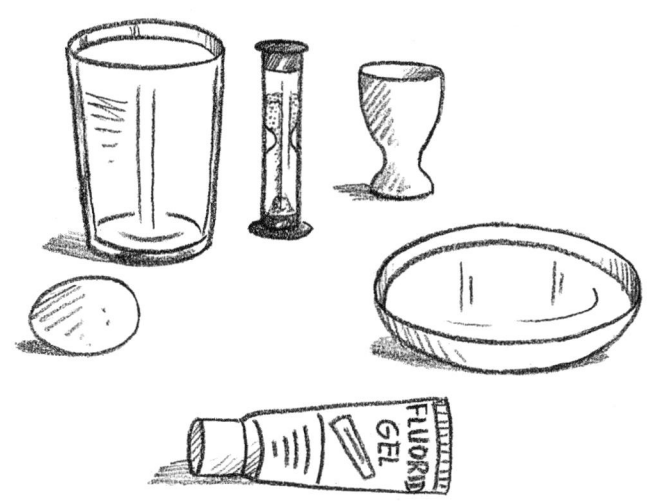

So geht ihr vor:

Wechselt euch mit eurem Partner ab.

1. Gebt einen Klecks Fluoridgel in den Eierbecher. ☐

2. Stellt das Ei in den Eierbecher. ☐

3. Dreht die Sanduhr um. ☐

4. Dreht die Sanduhr noch einmal um. ☐

5. Macht das Ei in der Schale mit Wasser sauber. ☐

6. Legt das Ei in das Glas mit dem Essig. ☐

7. Beobachtet das Ei. ☐

Eiertest (Platzdeckchen)

1.  Suche dir ein äußeres Feld auf dem Arbeitsblatt.
   Schreibe deinen Namen hinein.
   Schreibe deine Beobachtung über das Ei im Essigglas auf.

   Male ein Bild dazu.

2. Lest abwechselnd eure Beobachtungen vor.
   Zeige und erkläre deiner Gruppe dein Bild.

3. **Wie könnt ihr eure Beobachtungen erklären?** Schreibt eure gemeinsamen Ideen in die Mitte des Arbeitsblattes.

4. Stellt eure Ergebnisse den anderen Gruppen vor.

Tippkarte 1

Beobachtung:

Wie sah die Eierschale aus, bevor ihr das Ei in das Essigglas gelegt habt?

Was hast du an der Eierschale im Essigglas beobachtet?

Warum siehst du die Bläschen nur auf einer Eihälfte?

Was machen die Bläschen mit der Eierschale?

Tippkarte 2

 Erklärung:

Im Gelee ist viel Fluorid.

Dieses Fluorid schützt das Ei vor der Essigsäure.

Deshalb siehst du auf der Eihälfte mit dem Gelee keine Blasen an der Schale!

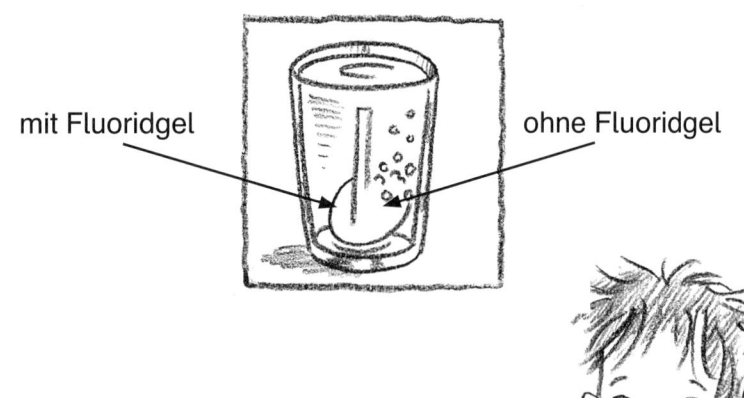

Immer dann, wenn du eine Süßigkeit isst, bildet sich Säure in deinem Mund.

Zahnpasta enthält auch Fluorid.

Regelmäßiges Zähneputzen schützt deine Zähne also vor Säure!

Welche Lebensmittel sind zahnfreundlich?

Methoden	Denken-Austauschen-Vorstellen (Think-Pair-Share)/Fischgräte (Fishbone)/Collage
Fachliche Ziele	Vorwissen aktivieren; erfahren, welche Lebensmittel zahnfreundlich sind und welche nicht; unterschiedliche Lebensmittel auf ihren süßen Geschmack hin probieren und den beiden Kategorien „zahnfreundlich" bzw. „zahnschädlich" zuordnen
Sozialziele	Austausch mit dem Partner, Zuhören lernen, Beteiligung entwickeln, Hilfestellungen geben und aufeinander eingehen, Arbeitsergebnisse präsentieren
Mögliche Rollen für die Partnerarbeit	Ermunterer, Lautstärkenregler, Materialmanager, Präsentator, Schreiber, Zeitmanager
Materialien	Fischgräte (Vorlage für jeweils ein Zweierteam); Arbeitsblatt „Zahnfreundliche Lebensmittel"; Aufgabenkarte; Werbeprospekte (Lebensmittel), die vorher gesammelt und mitgebracht wurden; feste Pappe sowie diverse Stifte, Kleber, Schere etc. für das Plakat
Hinweise	Die dargebotenen Unterrichtseinheiten müssen zusätzlich in Phasen eingeteilt und den Kindern transparent gemacht werden. Dies betrifft ebenso die Lernziele und die Einstiegs-, Arbeits- und Reflexionsphasen. Weiterhin sollte vor der Gruppenarbeit mit den Kindern besprochen werden, wie und zu welchem Zweck die Plakate gestaltet werden sollen. Dazu zählt außerdem die gemeinsame Erarbeitung von inhaltlichen und formalen Kriterien, die im Klassenraum deutlich sichtbar sein sollten. In Bezug auf die Verteilung der Arbeits- und Sozialrollen, sei außerdem darauf hingewiesen, dass es sich nicht nur um eine Partneraufgabe handelt. Dieser Partneraufgabe schließt eine Gruppenaufgabe an. Je nach Vorerfahrungen der Kinder mit diesen Rollenverteilungen sollten sie bei der neuen Gruppenkonstellation Unterstützung bzw. gezielte Vorgaben seitens des Lehrers erhalten.
Aufgaben	Die Unterrichtseinheit muss in weitere einzelne Phasen untergliedert werden. 1. Einstieg: In der ersten Phase wird die Fischgräte im Rahmen der kooperativen Übung Denken-Austauschen-Vorstellen eingesetzt. Einzelarbeit: Nachdem sich die Kinder Gedanken zu der Frage „Welche Nahrungsmittel sind *zahnfreundlich* und welche sind *zahnschädlich*?" gemacht haben, sortieren sie ihre Überlegungen mithilfe der Fischgräte. Dazu sollen sie in die linke Reihe *zahnfreundliche* und in die rechte Reihe *zahnschädliche* Lebensmittel eintragen. Partnerarbeit: Schließlich sollen sie sich gegenseitig ihre Ergebnisse (Überlegungen) vorstellen. 2. Gruppenarbeit: In der zweiten Phase sollen die Zweierteams ihre Ergebnisse mithilfe der Fischgräte mit einem anderen Zweierteam vergleichen. Einzelarbeit: Auf dem Arbeitsblatt „Zahnfreundliche Lebensmittel" sollen sie anschließend die Bilder ausmalen, bei denen es sich um zahnfreundliche Nahrungsmittel handelt. 3. Vertiefung: In der dritten Phase sollen die beiden Zweierteams als Vierergruppe gemeinsam ein Plakat erstellen. Die Absprache(n) zwischen den Kindern sind dabei sehr wichtig, da sich zwei Kinder um die zahnfreundlichen Lebensmittel kümmern sollen und die anderen beiden um die ungesunden. Unter Zuhilfenahme ihrer Fischgräten sollen die Kinder aus zuvor mitgebrachten bzw. gesammelten Werbeprospekten (Lebensmittel) Lebensmittelbilder ausschneiden und ein Plakat erstellen (Zwischenreflexionen innerhalb der Gruppe bzw. im Plenum sollten berücksichtigt werden). 4. Abschluss (Plenum): Am Ende der Unterrichtseinheit sollen die Kinder den anderen Gruppen ihre Plakate vorstellen. Als gemeinsame Reflexionspunkte sollten die Kriterien gelten, die vorher als inhaltliche und formale Aspekte bestimmt wurden. Folgender Arbeitsauftrag könnte formuliert werden: **Welche Lebensmittel sind „zahnfreundlich" und welche sind „zahnschädlich"?**

Zahnfreundliche Lebensmittel (1)

Welche Lebensmittel sind *zahnfreundlich*?
Welche Lebensmittel sind *zahnschädlich*?

Gestaltet ein Plakat.
Sortiert auf eurem Plakat *zahnfreundliche* und *zahnschädliche* Lebensmittel.

Geht so vor:

1. Einigt euch: Wer sammelt *zahnfreundliche* Bilder und wer sammelt *zahnschädliche* Bilder?

2. Überlegt gemeinsam: Wie wollt ihr euer Plakat gestalten?
   - Welche Überschrift gebt ihr eurem Plakat?
   - Wie sortiert ihr eure Bilder?
   - Wo sollen sie aufgeklebt werden?
   - Wie wollt ihr das Plakat beschriften?

3. Stellt die Materialien für eure Gruppenarbeit bereit.

4. Gestaltet euer Plakat.

5. Besprecht in eurer Gruppe euer Plakat.

6. Stellt euer Plakat den anderen Gruppen vor.

Aufgabenblatt

Zahnfreundliche Lebensmittel (2)

Schau dir die Bilder an.
Welche Lebensmittel sind *zahnfreundlich*?
Male sie an.

Welche **zahnfreundlichen** Lebensmittel fallen dir noch ein?
Schreibe auf:

_____

_____

_____

_____

Milchzähne fallen aus, neue Zähne wachsen

Methode	Platzdeckchen (Placemat) / Line-Up
Fachliche Ziele	Aktivierung des Vorwissen, Erfahrungsaustausch, Textrekonstruktion, Wachstum neuer Zähne kennenlernen, Ergebnisse strukturieren, vergleichen und diskutieren
Sozialziele	Austausch mit dem Partner bzw. mit der Gruppe, Zuhören lernen, Beteiligung entwickeln, Hilfestellungen geben und aufeinander eingehen
Mögliche Rollen für die Partnerarbeit	Ermunterer, Lautstärkenregler, Materialmanager, Präsentator, Schreiber, Zeitmanager
Materialien	Aufgabenkarte Platzdeckchen für jedes Kind und jede Gruppe, Aufgabenkarte Line-Up für jedes Kind, ein Arbeitsblatt mit Zeichnungen („Wie wachsen neue Zähne?") pro Gruppe und vergrößerte Bilder für die Klasse, Textabschnitte „Wie wachsen neue Zähne?" pro Gruppe
Hinweise	Auch bei diesem Unterrichtsbeispiel gilt, dass die einzelnen größeren Einheiten in kleinere Phasen untergliedert werden müssen (Einzelarbeit-Partnerarbeit/Gruppenarbeit-Plenum bzw. auch Reflexionsphasen).

Aufgaben

1. **Wie wachsen neue Zähne?**
   Gruppenarbeit: Platzdeckchen
   Die Kinder sollen in dieser Unterrichtsphase bzw. -einheit zunächst eigene Überlegungen bzgl. der Fragestellung wie neue Zähne wachsen anstellen. Ohne jegliche Anschauungsmaterialien sollen sie sich mit der Fragestellung auseinandersetzen und sich anschließend mit den anderen Gruppenmitgliedern austauschen. Von großer Bedeutung ist, dass Kinder eigene Ideen und Erfahrungen versprachlichen bzw. zunächst schriftlich festhalten.

2. **Wie wachsen neue Zähne?**
   Gruppenarbeit: Line-Up
   In dieser Einheit geht es um das Aneignen von Sachinformationen bzgl. der Fragestellung. Jedes Kind einer Vierergruppe (gleiche Gruppe wie in 1) erhält einen kurzen Textabschnitt zum Thema „Wie neue Zähne wachsen". Darüber hinaus bekommt jede Gruppe ein Arbeitsblatt mit vier Zeichnungen, die den Wachstumsvorgang darstellen. Mithilfe des Arbeitsblattes sollen die Kinder ihre Textabschnitte richtig anordnen und den Text rekonstruieren. Dazu sollen die Kinder zunächst ihren Textabschnitt lesen und selber überlegen, zu welchem Bild der Abschnitt passt. Anschließend stellen sie sich mit ihren Textabschnitten in der „richtigen" Reihenfolge auf. Für die Ergebniskontrolle liest der Lehrer den rekonstruierten Text vor und zeigt an den entsprechenden Textstellen auf die (vergrößerten) Zeichnungen.

Wie wachsen neue Zähne? (1)

 Schreibe deine Überlegungen in eines der äußeren Felder.
Du kannst auch ein Bild dazu malen.

 Stell deine Ideen den anderen Kindern aus deiner Gruppe vor.

 Sprecht darüber, wie neue Zähne wachsen.
Entscheidet euch für eine Antwort.
Der Schreiber schreibt die Antwort in das mittlere Feld.

 Stellt eure gemeinsame Überlegung den anderen Kindern vor.
Was denken die anderen darüber?

Line-Up

 Lies dir deinen Text durch.
Schau dir die Bilder auf eurem Arbeitsblatt an.
Überlege: Zu welchem Bild passt dein Text?
Merke dir das Bild.

 Welche Textabschnitte würdet ihr den Bildern zuordnen?
Lest abwechselnd eure Texte vor.
Das Kind, das seinen Text dem ersten Bild zugeordnet hat, fängt an.
Dann müssen die Texte zu den anderen Bildern vorgelesen werden.
Überlegt gemeinsam, ob eure Reihenfolge so richtig ist.
Stellt euch mit euren Sätzen in dieser Reihenfolge auf.
Vergleicht eure Reihenfolge mit dem Text eures Lehrers.

Wie wachsen neue Zähne? (2)

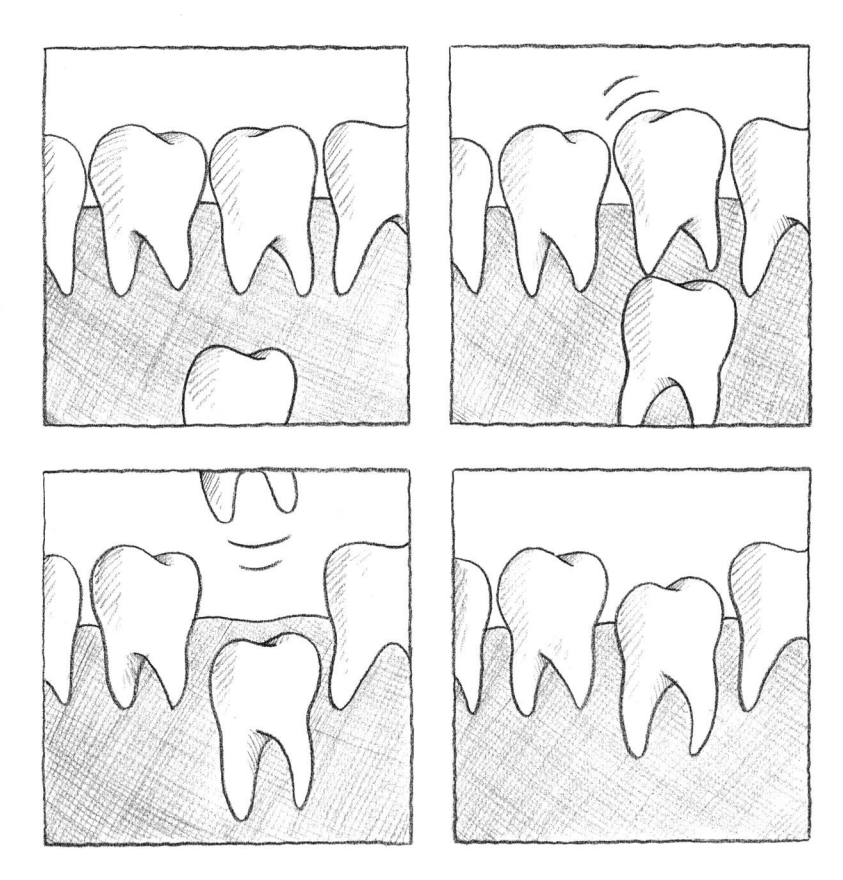

Wie wachsen neue Zähne? (3)

Der neue Zahn ist unter dem Milchzahn.

Der neue Zahn wächst.

Er schiebt den alten Milchzahn nach oben.

Der alte Milchzahn wackelt.

Er fällt raus.

An dieser Stelle ist nun eine Lücke.

Dort wächst ein neuer großer Zahn nach.

Wie sieht ein Zahn von innen aus?

Methode	Denken-Austauschen-Vorstellen (Think-Pair-Share)
Fachliche Ziele	Aktivierung des Vorwissen, Fachtermini lernen und versprachlichen, Verständnisfragen stellen, Ergebnisse strukturieren, vergleichen und diskutieren
Sozialziele	Austausch mit dem Partner, Zuhören lernen, Beteiligung entwickeln, Hilfestellungen geben und aufeinander eingehen
Mögliche Rollen für die Partnerarbeit	Lautstärkenregler, Materialmanager, Präsentator, Schreiber, Zeitmanager
Materialien	Arbeitsblatt „Mein Zahn von innen" (für jedes Kind), ggf. weitere Anschauungsmaterialien
Hinweise	Bei dieser Aufgabe geht es nicht nur um das eigene „Entdecken" von Fachtermini, sondern auch um funktionale Aspekte. Die Kinder sollen gemeinsam überlegen, warum bspw. die Zahnwurzel *Zahnwurzel* heißt. Was hat sie mit der Baumwurzel gemeinsam? Diese Einheit dient in gewisser Weise als Einstieg für die Kinder in die Arbeit mit den Fachtermini. Sie sollte durch weitere Aufgaben und Texte, in denen diese Begrifflichkeiten vorkommen, ergänzt bzw. erweitert werden. Bereichernd wären außerdem zusätzliche Anschauungsmaterialien. Darüber hinaus ist eine thematische Vertiefung im Bereich „Zahnreinigung" möglich.
Aufgaben	1. Einzelarbeit: Nachdem die Kinder das Arbeitsblatt erhalten haben, sollen sie sich das Innenleben eines Zahns auf der Abbildung genau anschauen. Anschließend sollen sie überlegen, wie man die einzelnen Teile benennen könnte. Kinder, die bereits einige Fachtermini kennen, können diese direkt eintragen. Andere, denen eine Zuordnung ggf. noch schwer fällt, können die zusätzlichen Bilder zur Hilfe nehmen. 2. Partnerarbeit: Anschließend sollen sich die Kinder mit ihren Partnern austauschen und ihre Ergebnisse vergleichen. 3. Partnerarbeit: In dieser Phase wird die Partnerarbeit vertieft. Die Kinder sollen nicht nur ihre Ergebnisse vergleichen, sondern darüber hinaus Überlegungen bzgl. der Benennung der einzelnen Teile anstellen. Sie sollen neben der sprachlichen Arbeit über die funktionalen Aspekte nachdenken, indem sie die „neuen" Wörter hinsichtlich ihrer Funktionalität analysieren, also z. B. nach der Frage: „Was haben *Zahnwurzel* und *Baumwurzeln* gemeinsam?"

Aufgabenblatt

Mein Zahn von innen

Schau dir das Bild genau an.
Beschrifte den Zahn.
Schreibe die fehlenden Wortteile auf die Linien.

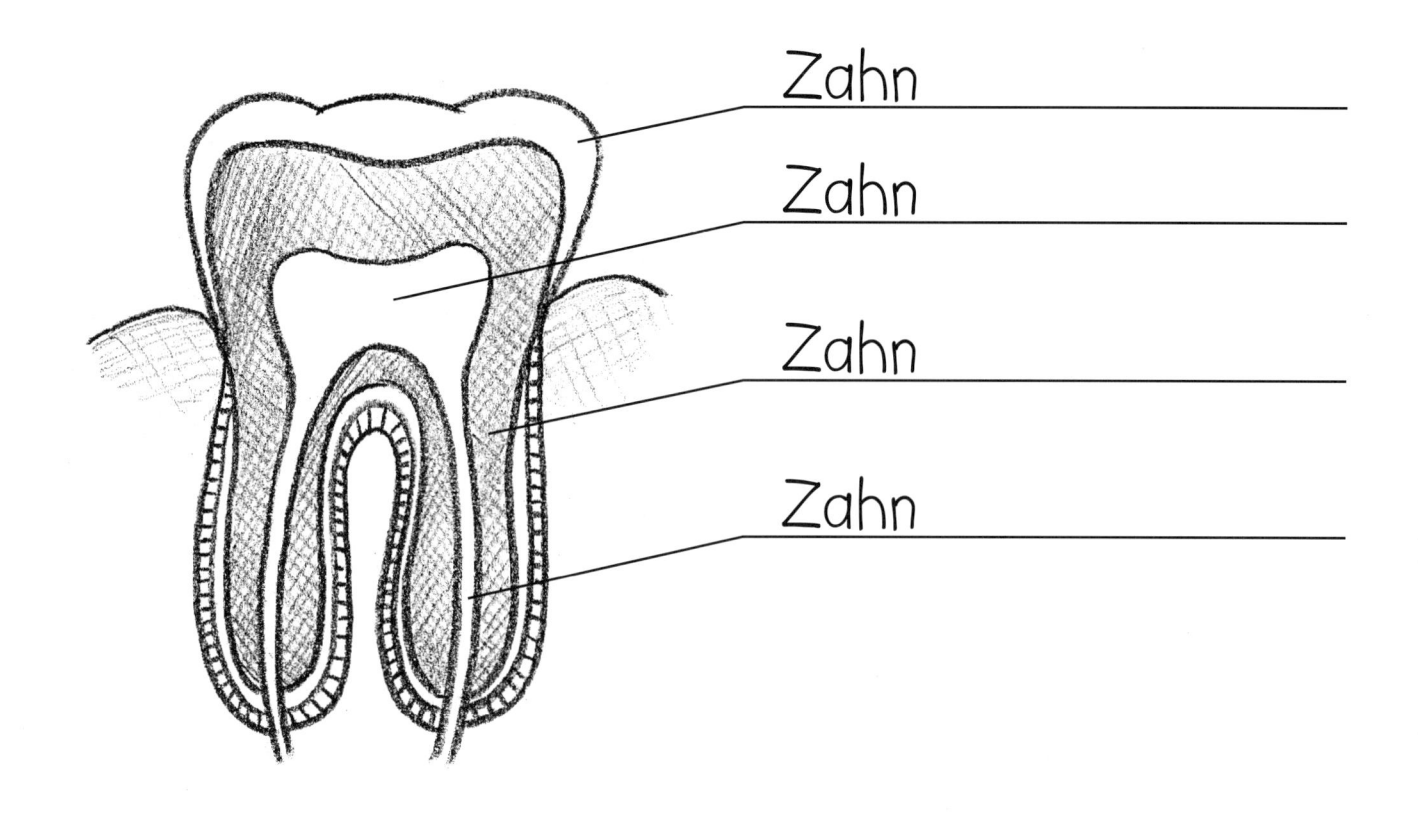

Zahn_____
Zahn_____
Zahn_____
Zahn_____

Tipp:
Diese Bilder können dir dabei helfen:

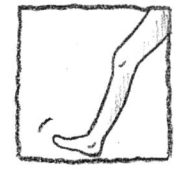

Stell deine Ergebnisse deinem Partner vor.

Überlegt gemeinsam, was diese Begriffe bedeuten könnten.
Warum heißt es Zahnwurzel, Zahnhals, Zahnbein und Zahnkrone?

Fischgräte (Fishbone)

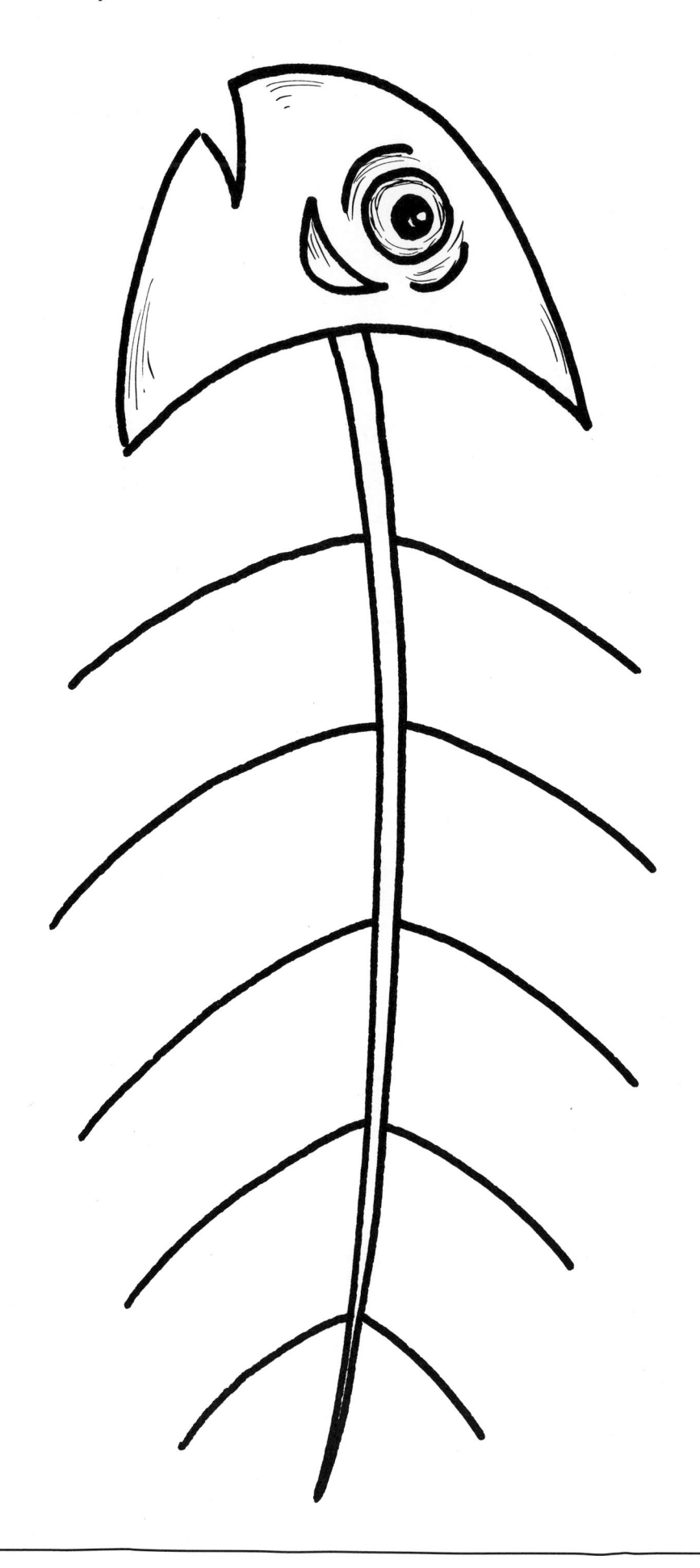

Platzdeckchen (Placemat)

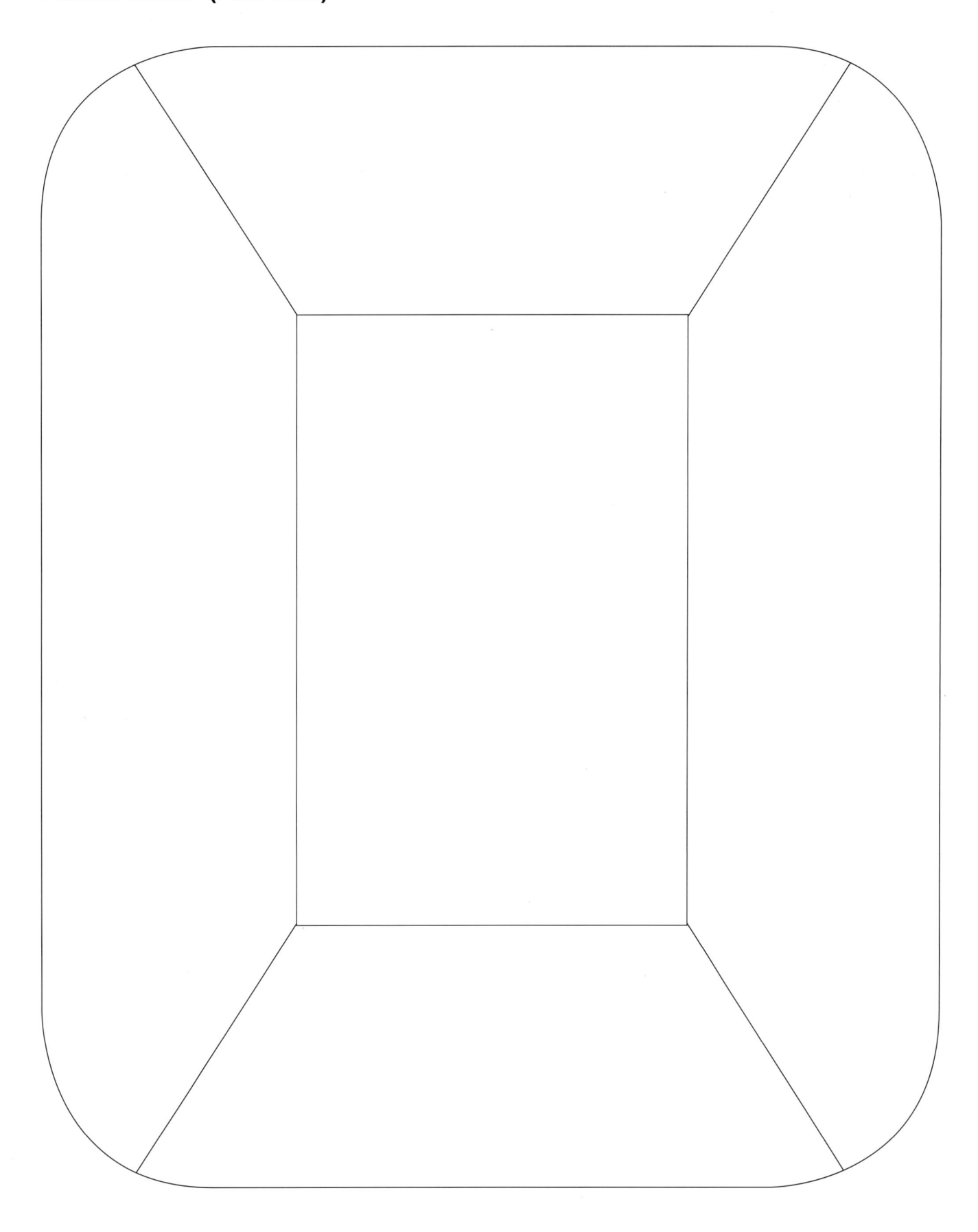

Rollen in der Gruppe

Zeitmanager	Materialmanager
Vermuter	Zuhörer

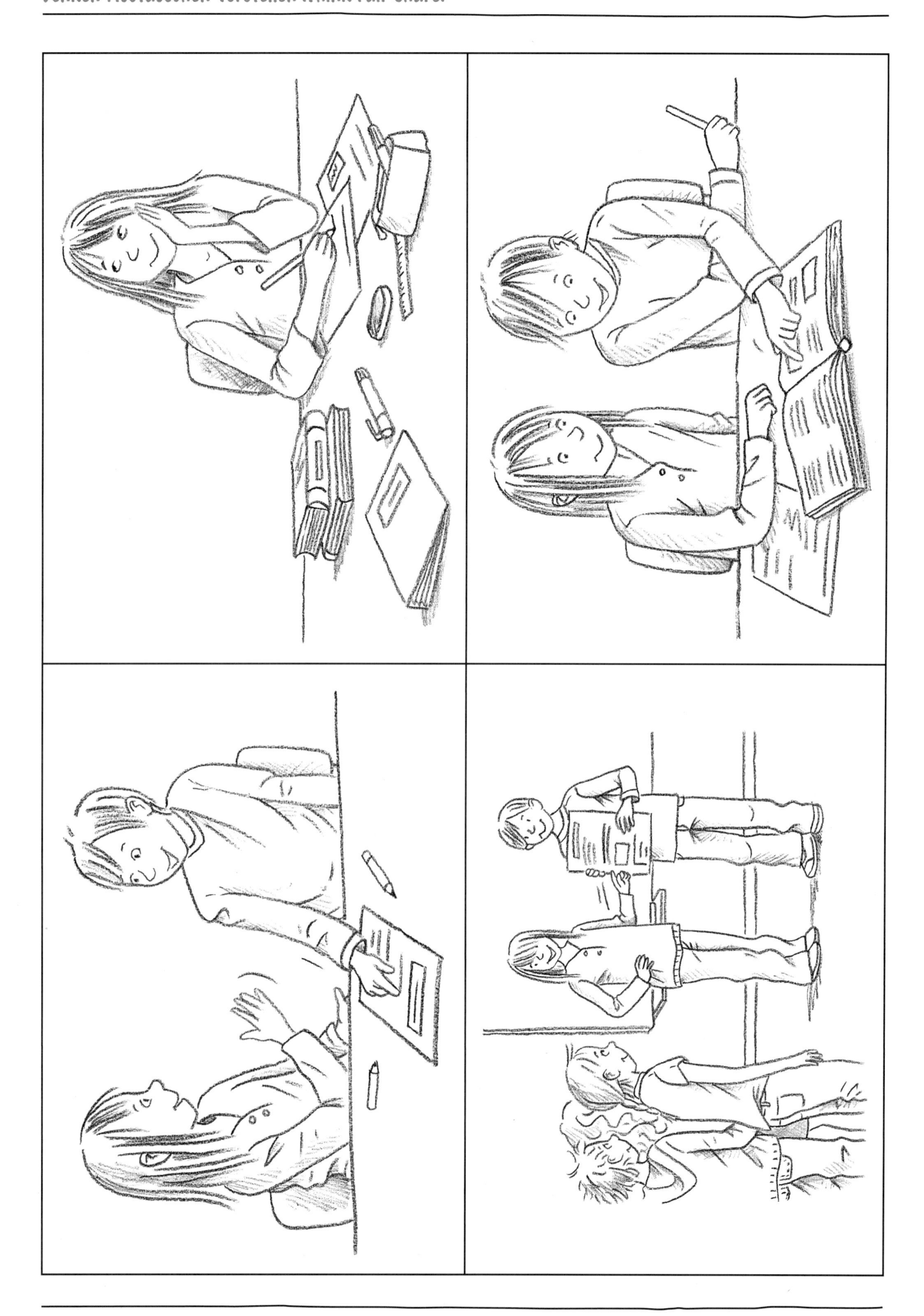

Denken-Austauschen-Vorstellen (Think-Pair-Share)

Drei-Schritt-Interview

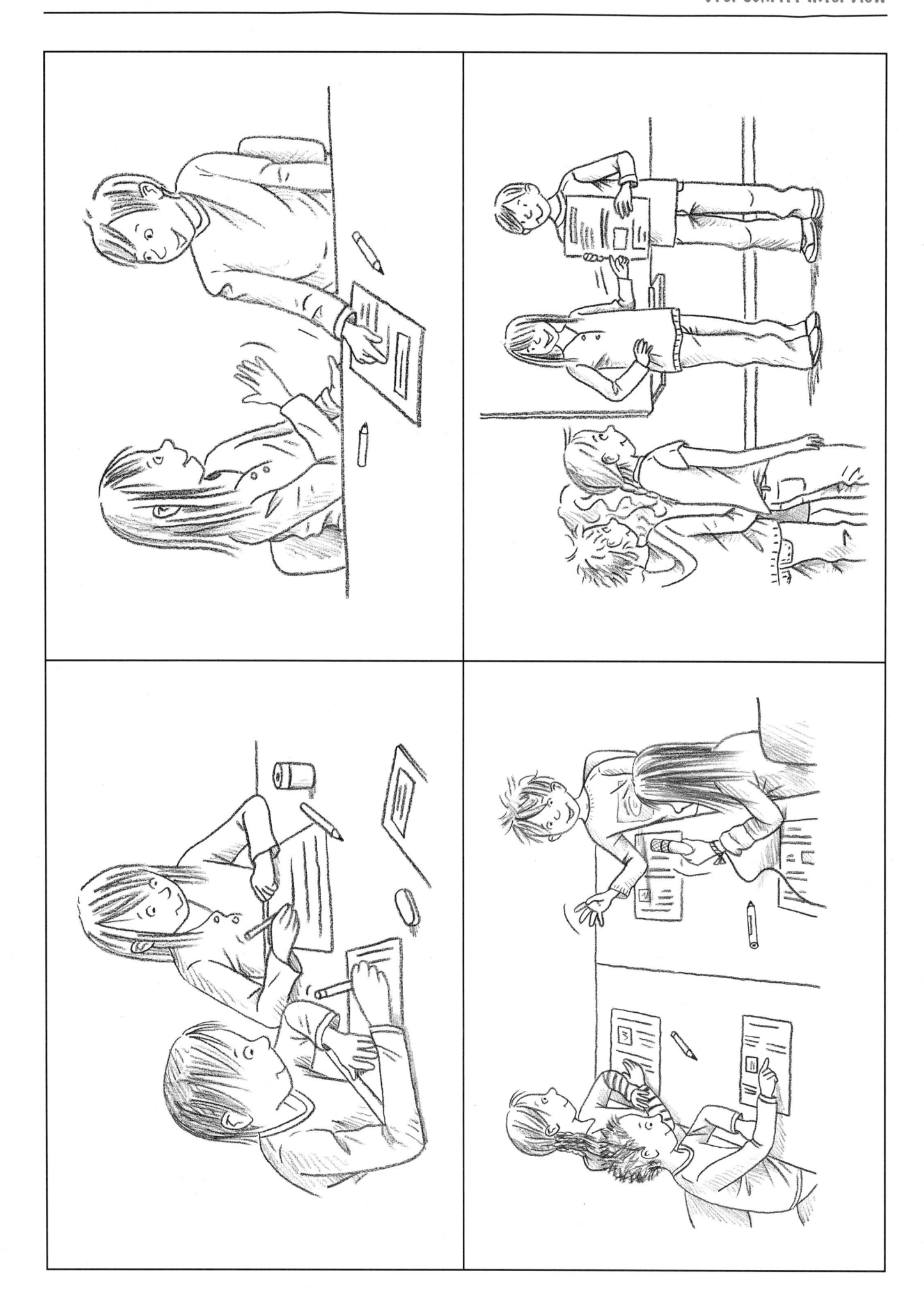

Gesprächskarussell

Graffiti (Gruppenposter)

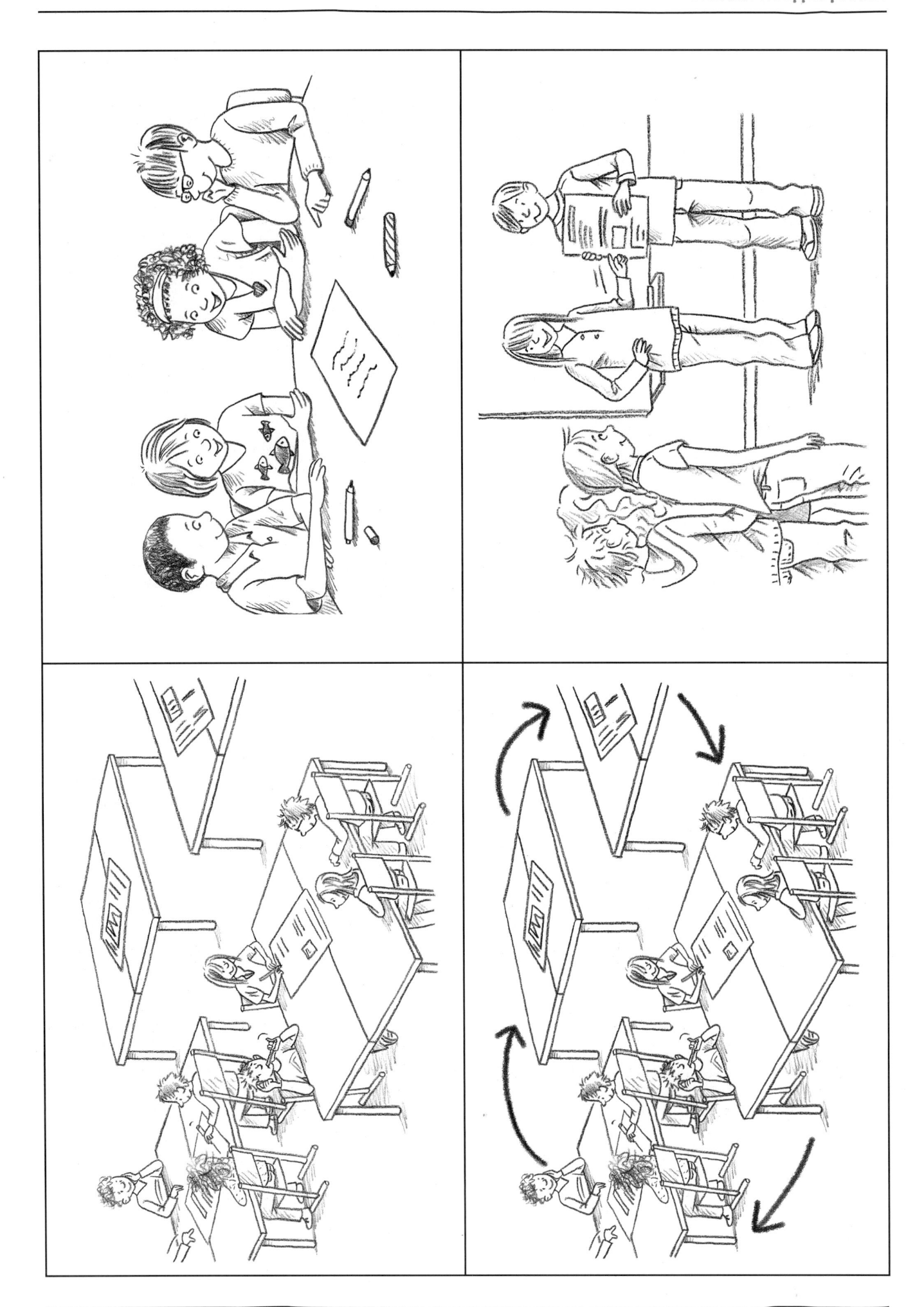

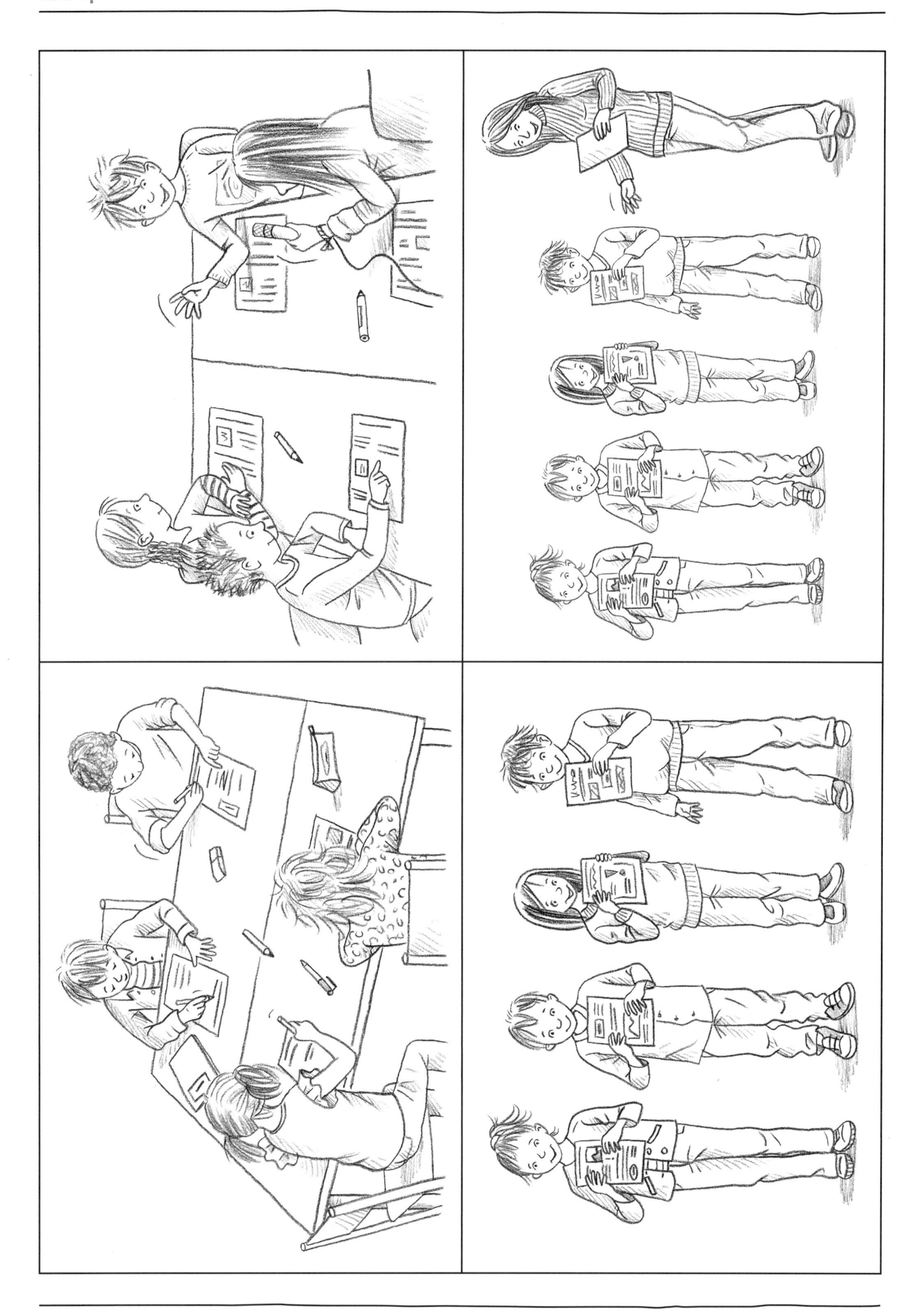

Line-Up

Heike Murglat / Zeynep Kalkavan: Gesunde Zähne
© Persen Verlag

Placemat

Erste Gruppenbesprechung

Einzelarbeit

Ergebnisse in der Gruppe vorstellen

Placemat

Gruppenergebnis besprechen und aufschreiben

Präsentieren im Klassenplenum

Karten für die Teambildung – Zweierteams

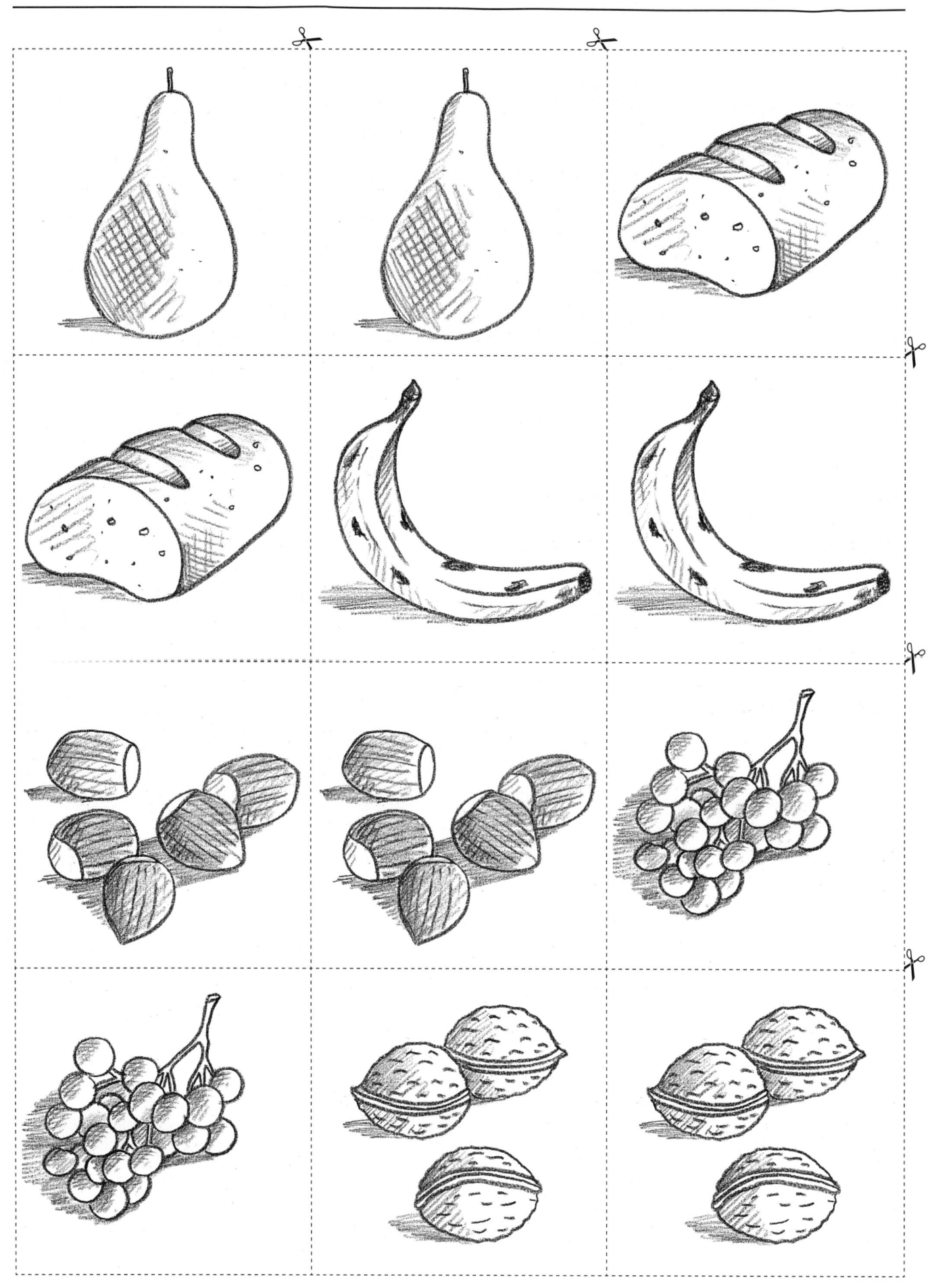

Karten für die Teambildung – Viererteams

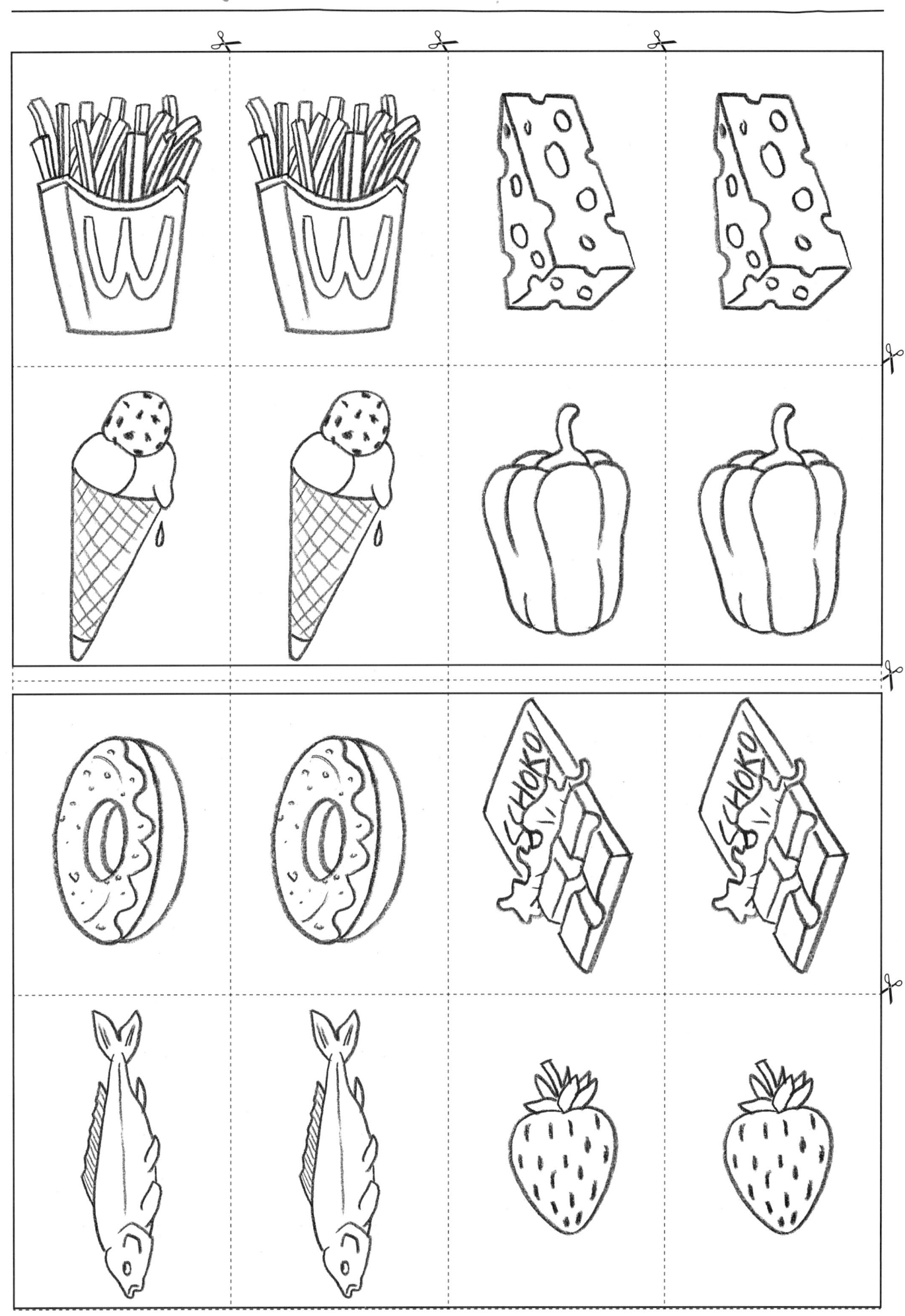

Heike Murglat / Zeynep Kalkavan: Gesunde Zähne
© Persen Verlag

Feedbackkarten

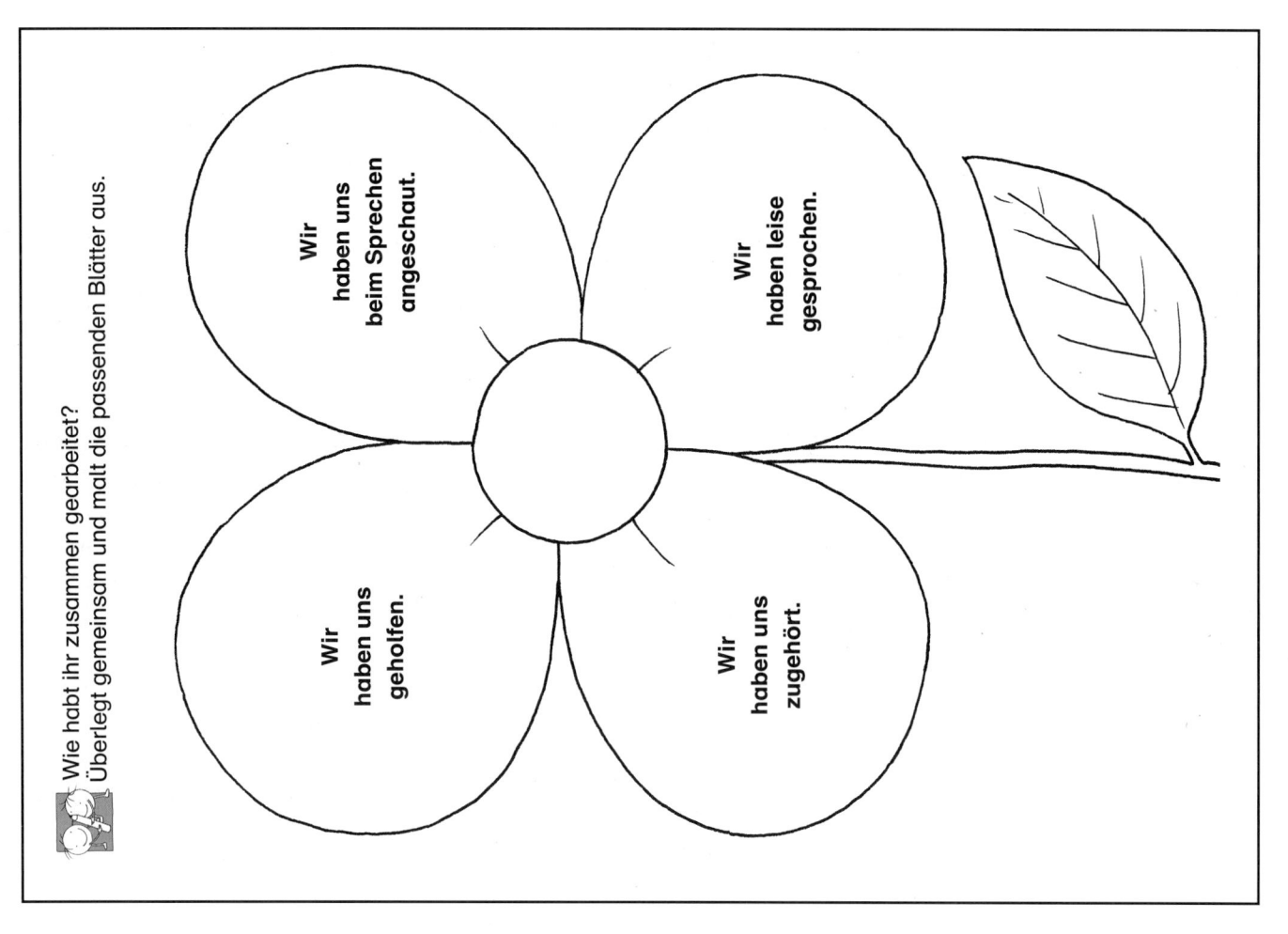

Wie habt ihr zusammen gearbeitet?
Überlegt gemeinsam und malt die passenden Blätter aus.

- Wir haben uns beim Sprechen angeschaut.
- Wir haben leise gesprochen.
- Wir haben uns geholfen.
- Wir haben uns zugehört.

- Wir haben uns geholfen.
- Wir haben uns zugehört.
- Wir haben die Aufgabe gelöst.
- Wir waren nett zueinander.

Heike Murglat / Zeynep Kalkavan: Gesunde Zähne
© Persen Verlag

Literatur

Bochmann, Reinhard/Kirchmann, Ruth (2008a): Kooperativer Unterricht in der Grundschule. Essen: Neue Deutsche Schule Verlagsgesellschaft (NDS)

Bochmann, Reinhard/Kirchmann, Ruth (2008b): Kooperatives Lernen in der Grundschule. 2. Auflage. Essen: Neue Deutsche Schule Verlagsgesellschaft (NDS)

Brüning, Ludger/Saum, Tobias (2006): Erfolgreich unterrichten durch Kooperatives Lernen 1. Essen: Neue Deutsche Schule Verlagsgesellschaft (NDS)

Buchs, Céline/Gilles, Ingrid/Dutrévis, Marion/Butera, Fabrizio (2010): Pressure to cooperate: Is positive reward interdependence really needed in cooperative learning? *British Journal of Educational Psychology* 81, 135–146

Green, Kathy/Green, Norm (2010): Kooperatives Lernen im Klassenraum und im Kollegium. Das Trainingsbuch. 5. Auflage. Seelze: Klett/Kallmeyer Verlag

Huber, Anne A. (2004): Kooperatives Lernen – kein Problem. Effektive Methoden der Partner- und Gruppenarbeit. Seelze: Klett

Johnson, David W./Johnson, Roger T. (2009): An Educational Psychology Success Story: Social Interdependence Theory and Cooperative Learning. *EDUCATIONAL RESEARCHER 2009* 38, 365-379

Kalkavan, Zeynep (2011) Kooperative Lernmethoden: Lesen. Klasse 3/4. Buxtehude: Persen Verlag

Kalkavan, Zeynep (2010): Kooperative Lernmethoden – Lesen. Klasse 2/3. Buxtehude: Persen Verlag

Kalkavan, Zeynep/Özdil, Erkan (2012): Kooperative Lernmethoden Mathematik. Klasse 2/3. Buxtehude Persen Verlag

Ministerium für Schule, Jugend und Kinder des Landes NRW (2008): Richtlinien und Lehrpläne zur Erprobung für die Grundschule in Nordrhein-Westfalen/Sachunterricht. Ritterbach Verlag

Stevens, Robert J./Slavin, Robert E. (1995): The Cooperative Elemantary School: Effects on Students Achievement, Attitudes and Social Relations. *American Educational Research Journal* 32, 321-351

Weidner, Margit (2003): Kooperatives Lernen im Unterricht. Das Arbeitsbuch. Seelzer-Velber: Kallmeyer Verlag

Ein umfangreiches Trainingsprogramm für Kinder!

Bergedorfer® Methodentraining
Zeynep Kalkavan, Thomas Heitmann, Bettina Schütz

Bergedorferdorfer® Methodentraining
Anleitungen und Arbeitsblätter

Ob in der Schule oder im Alltag – früher oder später wird von Kindern selbstständiges Handeln und Arbeiten verlangt. Damit für Ihre Schüler der Schritt zur Eigenständigkeit nicht zum Sprung ins kalte Wasser wird, sollten sie rechtzeitig mit den wichtigsten Lern- und Arbeitsmethoden vertraut gemacht werden. Die Bände der Reihe „Bergedorfer® Methodentraining" geben Ihnen ausgearbeitete Unterrichtseinheiten an die Hand, mit denen Sie systematisch Methodenkompetenz vermitteln können. Darüber hinaus liefern die Bände eine Fülle von Materialien und Übungen, mit denen die Schüler die Anwendung der einzelnen Methoden konsequent trainieren. Sie werden merken, dass das Unterrichten lernmethodisch versierter Schüler auch Ihnen viele Freiräume verschafft.
Grundtechniken des selbstständigen Arbeitens gekonnt vermitteln – so gelingt's!

Kooperative Lernmethoden: Lesen
Buch, 83 Seiten, DIN A4
1. Klasse
Best.-Nr. 3028

Kommunikation und Teamarbeit
Buch, 73 Seiten, DIN A4
1. bis 4. Klasse
Best.-Nr. 3239

Elementare Arbeitstechniken
Buch, 76 Seiten, DIN A4
1. bis 4. Klasse
Best.-Nr. 3347

Kooperative Lernmethoden: Lesen
Buch, 92 Seiten, DIN A4
3. und 4. Klasse
Best.-Nr. 3274

Markieren und Visualisieren
Buch, 80 Seiten, DIN A4
1. bis 4. Klasse
Best.-Nr. 3238

Kooperative Lernmethoden: Lesen
Buch, 104 Seiten, DIN A4
2. und 3. Klasse
Best.-Nr. 3273

Sicherer Umgang mit dem Internet
Buch, 67 Seiten, DIN A4
2. bis 4. Klasse
Best.-Nr. 3077

Mnemotechniken
Buch, 78 Seiten, DIN A4
2. bis 4. Klasse
Best.-Nr. 3041

Kooperative Lernmethoden: Mathematik, Buch, 96 Seiten, DIN A4
2. und 3. Klasse
Best.-Nr. 3060

Kooperative Lernmethoden: Mathematik, Buch, 76 Seiten, DIN A4
3. und 4. Klasse
Best.-Nr. 3061

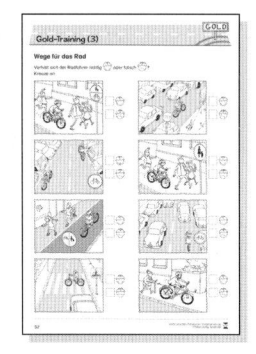

Bergedorfer® Führerscheine
Kirstin Jebautzke

Führerschein: Verkehrserziehung
Motivierende Kopiervorlagen für die 1.–4. Klasse

Das Thema Verkehrserziehung ist in allen Bundesländern Pflicht. Mit diesen motivierenden Arbeitsblättern begeistern Sie Ihre Schüler für diesen oftmals „trockenen" Lernbereich. Neben dem Faktenwissen in Bezug auf das Verhalten im Straßenverkehr – sowohl als Radfahrer als auch als Fußgänger –, die Verkehrsregeln oder die Schilderkunde geht es auch um die Mobilitätsbildung von Kindern: Was kann ich tun, um mich umweltfreundlich zu verhalten? Welche Verkehrsmittel kann ich (allein) nutzen? Die Führerschein-Prüfungen liegen in drei Schwierigkeitsstufen vor (Bronze – Silber – Gold). Ein Klassensatz farbiger Führerscheine liegt dem Buch bei.
Der erste Führerschein für Kinder – sicher und kompetent durch den Straßenverkehr!

Führerschein: Verkehrserziehung
Buch, 63 Seiten, DIN A4, inkl. Klassensatz von 32 vierfarbigen Führerscheinen
1. bis 4. Klasse
Best.-Nr. 23113

Klassensatz Führerscheine
(zum Nachbestellen) 32 vierfarbige Führerscheine, doppelseitig bedruckt
1. bis 4. Klasse
Best.-Nr. 23114

Unser Bestellservice:

Das komplette Verlagsprogramm finden Sie in unserem Online-Shop unter

www.persen.de

Bei Fragen hilft Ihnen unser Kundenservice gerne weiter.

Deutschland: 0 41 61/7 49 60-40 · Schweiz: 052/366 53 54 · Österreich: 0 72 30/2 00 11

Freie Arbeitsformen im Sachunterricht!

Corinna Schmaack
Lernwerkstatt Ritter, Burgen & Co.

Fächerübergreifende Materialien für den Sachunterricht

Das komplette Rüstzeug für eine spannende Reise ins Mittelalter! Der Band enthält didaktisch-methodische Überlegungen, Hinweise und Tipps zur Umsetzung der Werkstatt. Bastelanleitungen, z. B. für eine Ritterburg, sowie alle benötigten Arbeitskarten und -blätter. Schwerpunkt der Werkstatt ist sowohl fächerübergreifendes als auch handlungsorientiertes Arbeiten. So vermitteln Sie das Wissen zu vergangenen Epochen lebendig, anschaulich und nachhaltig.
Mit Kindern das spannende Mittelalter handlungsorientiert entdecken!

Buch, ca. 120 Seiten, DIN A4
3. und 4. Klasse
Best.-Nr. M160

Andreas Stark
Lernwerkstatt Meer und mehr
Fächerübergreifende Kopiervorlagen

Das beliebte Thema „Meer" bietet Stoff für zahlreiche Fächer. Z. B. Deutsch und Sachunterricht: Wortfeldarbeit, Wortartenfisch, Informationstexte (Meer, Inseln, Ebbe, Flut), Lückentexte (Der Wattwurm), kreatives Schreiben
Mathematik: Multiplikation, Rechnen mit Einheiten (Hoher Wasserverbrauch am Strand)
Englisch: Vokabeln (At the Ocean), Mini-Dialoge (Holidays on an Island)
Musik: Wellen-Musik, Strand-Hörmemory
Kunst: Meeres-Fensterbilder, Unterwasserlandschaft, Leuchtturm
Sport: Reaktionsspiel, Fischer-Staffel
Die abwechslungsreiche Lernwerkstatt rund ums Meer!

Buch, 80 Seiten, DIN A4
3. und 4. Klasse
Best.-Nr. M161

Andreas O. Möckel
Lernwerkstatt Liebe – Körper – Kinderkriegen
Fächerübergreifende Materialien zur Sexualerziehung

Was ist Liebe? Wie kommt das Baby in den Mutterleib? Was verändert sich in der Pubertät? Selbst auf schwierige Fragen wird das Finden von Antworten einfach – mit einem breiten Spektrum an Arbeitsblättern, z. B. Geschichten über das Verliebtsein und Sachtexten zu Mädchen und Jungen, mit einem Rollenspiel zum NEIN-Sagen oder einem Quiz.
Mit der Lernwerkstatt verstehen Kinder körperliche und seelische Vorgänge des Erwachsenwerdens besser, nehmen eigene Gefühle wahr und erwerben grundlegendes Wissen über die Entstehung neuen Lebens. Als Ergebnis der Lernwerkstatt halten sie Wichtiges in einem eigenen Buch fest. Ein heikles Lehrplan-Thema wird hier altersgemäß aufbereitet.
So wird Sexualerziehung leicht gemacht!

Buch, ca. 80 Seiten, DIN A4
3. und 4. Klasse
Best.-Nr. M349

Nicole Weber
Lernwerkstatt Moor
Fächerübergreifende Kopiervorlagen für die Klasse 3/4

Das Moor mit seinen Geheimnissen ist nicht nur ein faszinierendes Thema für Kinder, sondern als typische Landschaftsform bestimmter Regionen auch Thema des Lehrplans. Die Arbeitsblätter sind ebenso interessant wie vielfältig: ein Sachtext über Ansiedlungen im Moor, ein Torfversuch oder ein Moorspiel sind Themen an Stationen. Neben Erläuterungen und grafischen Vorgaben für Laufzettel und Urkunden gibt es Kinderbuchempfehlungen, Gedichte und Lieder übers Moor, Adressen von Museen und auch eine Lernzielkontrolle. Das Buch ist für den Einsatz im Sachunterricht sowohl als Lernwerkstatt als auch im Klassenverband geeignet.
Vielseitige Lernstationen zum Thema Moor – einfach und schnell umgesetzt!

Buch, 80 Seiten, DIN A4
3. und 4. Klasse
Best.-Nr. M341

Alexandra Hanneforth
Lernwerkstatt Gesundheit
Fächerübergreifende Kopiervorlagen

Mit den ideenreichen und liebevoll gestalteten Arbeitsblättern zu allen wichtigen Themen rund um gesunde Ernährung, Hygiene und Krankheiten gelingt der Einstieg in die Gesundheitserziehung kinderleicht. Die Schüler/-innen stellen ein Giftpflanzen-Leporello her, lernen, wie man Hände und Zähne richtig reinigt, probieren Trink-dich-fit-Rezepte aus oder basteln eine Erste-Hilfe-Drehscheibe. Fächerübergreifende Angebote, Spiele und Rätsel sorgen nicht nur für Spaß und Abwechslung, sondern festigen das Gelernte auch dauerhaft.
Fresszellen-Daumenkino, Pflaster-Forscher, Körperpflege, Leselotto – so begeistern Sie Ihre Klasse für das Thema Gesundheit!

Buch, 96 Seiten, DIN A4
1. und 2. Klasse
Best.-Nr. M355

Unser Bestellservice:

Das komplette Verlagsprogramm finden Sie in unserem Online-Shop unter

www.persen.de

Bei Fragen hilft Ihnen unser Kundenservice gerne weiter.

Deutschland: 0 41 61/7 49 60-40 · Schweiz: 052/366 53 54 · Österreich: 0 72 30/2 00 11